I0153037

CULTURE

DES ARBRES FRUITIERS.

CULTURE

DES

ARBRES FRUITIERS,

BASÉE SUR LA PHYSIOLOGIE VÉGÉTALE,

D'APRÈS LA MÉTHODE DE

VAN MONS,

VÉRIFIÉE PAR L'EXPÉRIENCE ET LE RAISONNEMENT,

AVEC DES ADDITIONS INTERCALLÉES AU TEXTE,

PAR

SCOUMANNE-DERVAUX.

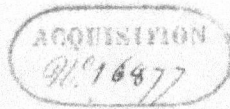

BIBLIOTHÈQUE ROYALE

ACQUISITION
N° 16877

BRUXELLES,
A LA LIBRAIRIE POLYTECHNIQUE,
9, RUE DE LA MADELAINE.

1842

IMPRIMERIE DE H. BOURLARD, RUE DE L'ETOILE, 35, PRÈS DU GRAND-SABLON.

MILLE FRANCS de récompense à celui qui me prouvera que mes arbres ne sont pas ce que j'ai dit dans mon ouvrage.

ERRATA.

Page 54, ligne 36, au lieu de *hare*, lisez *hart*.
   54,   37,   *hare*, lisez *hart*.
   55,   2,   *hare*, lisez *hart*.
   61,   23,   *futilement*, lisez *facilement*.
   61,   35,   *l'aide*, lisez *l'acide*.
   63,   21,   *quantité*, lisez *qualité*.
   63,   28,   *fruits*, lisez *faits*.
   64,   25,   *en taille*, lisez *actuelle*.
   67,   20,   *plan*, lisez *plant*.
   68,   5,   *un*, lisez *une*.
   68,   15,   *latérales*, lisez *latéral*.
   69,   19,   après *frisure* ajoutez une , pour éviter un
                              non-sens.
   87,   32,   *allonge*, lisez *allongent*.
   91,   12,   *l'amincit*, lisez *s'amincit*.
   93,   17,   *picots*, lisez *pieds*.
   98,   12,   *porter*, lisez *partir*.

PRÉFACE.

Le professeur J.-B. Van Mons, aujourd'hui à Louvain, est trop connu des savans de l'Europe pour que je puisse ajouter quelque chose à sa réputation trop justement méritée par ses écrits divers. A lui, appartient l'honneur d'avoir le premier expliqué d'une manière nette et précise la taille des arbres fruitiers, basée sur la physiologie végétale, après 45 années de recherche et d'expérience; je me borne à admirer dans mes jardins la justesse de ses principes qui sont dans son ouvrage qu'il a fait publier en 1835, et dans lequel il dit:

« Je publie des notes sur la culture des arbres fruitiers et sur le mode à suivre pour procréer des arbres généralement bons, au lieu de publier un ouvrage. Ce sont des matériaux qui auraient dû être liés ensemble pour former un ouvrage; mais dans l'incertitude s'il me restera le temps de faire cette liaison, je les publie tels qu'ils sont. Il y aurait trop de perte qu'ils ne fussent pas publiés, car ils sont résultés de 45 années d'expérience et d'une vérification de tout ce qu'on avait écrit sur le même sujet. J'ai une excuse pour les publier dans l'état informe où ils se trouvent dans la fréquente demande qui m'a été faite d'un écrit sur ma méthode de culture et de perfectionnement. Je devais de plus à mes amis et correspondans de leur faire connaître, par la publication de la quatrième série du *Catalogue descriptif abrégé de mes arbres fruitiers*, les qualités des fruits, dont je leur avais communiqué des greffes sous des numéros. Toutefois, dans ce que je publie, les articles ne sont pas assez indépendans les uns des autres pour les considérer comme des parties séparées et sans liaison entre elles.

» Celui qui entreprendrait de lire tout d'un trait le présent ouvrage, ne manquerait pas d'y trouver des répétitions et des redites. Je n'ai pu les éviter dans un livre où chaque article, sans être hors de liaison avec l'ensemble, fait un traité à part. Je ne devais pas espérer que, pour comprendre un article, le lecteur aurait voulu repasser tous les autres articles. Il aurait dû les parcourir tous, car il n'aurait pas toujours rencontré dans un article précédent ce qui avait rapport à un article suivant. J'ai donc préféré me répéter à ne pas bien m'expliquer. Je ne pouvais supposer un raisonnement sans alléguer des faits à son appui, et c'est dans la citation des faits que les répétitions sont le plus fréquentes.

» J'ai employé quelques expressions qui peut-être ne sont pas reçues dans la langue, qui sont contraires à l'esprit de la langue. J'ai créé quelques-unes de ces expressions et j'en ai traduit d'autres; j'ai aussi modifié des expressions usitées. Il me fallait des mots pour rendre ma pensée, et ces mots, je les trouvais dans ma langue. Je pensais en flamand et j'écrivais en français. C'est la seconde fois qu'écrivant sur une matière neuve j'ai dû employer des termes nouveaux. L'aurai-je pu faire dans cette seconde occurrence avec le même succès que je l'ai fait dans la première? »

Tout est confondu dans l'ouvrage: principes, règles, explications du mouvement de la séve, ses résultats, ses causes, enfin tout y est disséminé çà et là, et ne présente, à la première vue, qu'un tohu-bohu, quoiqu'il soit le premier, peut-être le seul bon ouvrage, qui ait paru jusqu'à ce jour. Je me suis décidé à en faire un extrait pour moi, pour ma famille qui m'a demandé des copies que j'ai faites. Encouragé par les succès de ses principes dans mes jardins, et à la prière de mes amis, je me suis rendu à Louvain, le 10 novembre 1840, à l'effet de soumettre mon extrait pour le faire publier; voici la réponse autographe de M. Van Mons :

« Monsieur,

« Je vous autorise et je le fais de bien bon cœur, parce que vous aurez fait une chose utile, à publier ma *Pomonomie*, mise par vous à la portée du commun des jardiniers, et cela sous toutes les formes qui sont à votre convenance. Mon but a été d'encourager à une culture perfectionnée des arbres fruitiers par la voie d'un semis raisonné; ce but sera mieux rempli par votre ouvrage que par le mien.

» *Signé :* J.-B. Van Mons.

« Louvain, le 11 novembre 1840,
à Monsieur Scoumanne-Dervaux. »

Mon entreprise eut plus de succès que je n'osais espérer, tel est l'aveu autographe que je tiens de l'auteur. Je fis donc un nouvel extrait, et sur une plus grande échelle que les autres, par demandes et réponses en forme de catéchisme, pour le mettre à la portée de tout le monde. J'y ajoutai un vocabulaire dans lequel les mots nouveaux, créés par l'auteur pour bien s'expliquer, étaient analysés d'après le sens technique et les règles de l'art. Je joignis à l'extrait, pour le vérifier, le premier volume, dans l'espoir de voir éditer un ouvrage aussi précieux qu'utile. Cet ouvrage n'était pas connu : l'imprimeur m'a demandé les frais d'impression; j'ai repris mon extrait et mon premier volume en octobre dernier. A mon retour de France, où je vais annuellement tailler en famille une quinzaine de jours, j'ai trouvé à mon arrivée chez moi, et contre mon attente, une lettre de M. Van Mons, du 30 novembre 1841, dont voici l'extrait :

« Monsieur et cher co-sectaire en culte de Pomone,

« Auriez-vous renoncé à votre charmant projet de remanier et abréger mon ouvrage, sur la Pomonomie? Ce serait une fatalité pour l'art qui perdrait le résultat à la fois de vos expériences et des miennes, celles-ci rendues par vous intelligibles pour le plus grand nombre. Si ma crainte était fondée, je ne pourrais plus me refuser à laisser réimprimer mon livre tel qu'il est. La demande d'exemplaires se répète à chaque instant, et on ne peut que refuser, puisque plus un seul exemplaire invendu n'en existe. . . .

» Agréez la parfaite estime avec laquelle j'ai l'honneur d'être, Monsieur,

» Votre dévoué serviteur,
» *Signé* : J.-B. VAN MONS.

» Ce 30 novembre 1841. »

Dans une lettre précédente, sous la date du 24 mai, lorsque mon extrait devait être imprimé, je le soumis à l'auteur dont voici la réponse autographe :

» Monsieur,

» Tout ce que vous vous proposez de faire sera bien fait, je ne saurais rien avoir à y changer. Votre plan est simple et l'ouvrage a une forme adaptée à ceux à qui il est destiné. Je vous envoie mon deuxième volume, je n'en saurais faire autant du premier. . . .

Depuis que j'ai commencé cette lettre (il me répète très-laconiquement tous les principes de la taille et du palissage), je n'ai plus été assez bien pour pouvoir la continuer, je n'ai pas même la force de la relire.

» *Signé* : J.-B. VAN MONS.

» Ce 24 mai. »

Si je publie quelques passages de ces deux lettres, ce n'est que pour prouver que je remplis le but de l'auteur en mettant son ouvrage à la portée de toutes les classes qui savent lire. C'est à lui seul que je dois la beauté, la supériorité de mes arbres fruitiers. Si mes arbres sont le résultat de son ouvrage, et il peut s'en attribuer le mérite, ses lettres, ses aveux sont aussi ma croix d'honneur, le plaisir d'obliger et d'instruire mon pays. Pour satisfaire aux désirs que j'éprouve en recevant d'un auteur illustre des lettres que je ne mérite pas, j'ai retouché mon plan; au lieu de suivre l'ouvrage et de donner à chaque page, à chaque ligne, l'extrait pêle-mêle de tous les arbres fruitiers, j'ai fait un article séparé de chaque espèce; j'ai supprimé ses mots latinisés, créés et autres, que la plupart ne pourraient comprendre; j'ai mis entre parenthèse le sens des mots de l'art afin que chacun puisse les comprendre, soit pour dresser son jardinier, ou tailler lui-même.

Cependant je dois dire que les espaliers de M. le marquis de Trazegnies, près Fontaine-l'Évêque, que j'ai vus en 1839, étaient de vrais modèles où l'art ne laisse rien à désirer. Ah! si nos sénateurs, nos députés, nos prétendus connaisseurs qui ne savent rien dans cet art, ah! s'ils votaient une somme quelconque pour faire une école où l'on pourrait former des élèves en peu de temps et à bon marché! La taille dure deux mois; deux tailles suffisent pour dresser un élève docile, attentif et intelligent; le palissage dure un mois : un palissage suffit à chaque élève pour bien palisser, ce qui fait cinq mois.

C'est à eux que je dis, peut-être à tous: *ignoti nulla cupido.* Sortant des collèges, que fait-on? On entre dans le monde où les plaisirs les attendent... On laisse tailler routinement les jardiniers dont la plupart ne savent pas ce qu'ils font. Les maîtres en sont contents, louent, admirent la malheureuse taille, mais en vrais ignorans. Croyent-ils peut-être de nous fasciner la vue par leurs larges promenades, leurs arbres verts, par la variété de leurs plantes rares? Ah! non, qu'ils se détrompent. Le faste de leurs jardins anglais me fait autant de plaisir que leurs arbres mal taillés, mal tenus (c'est le plus grand nombre) me font pitié, tant ils sont estropiés. Quel serait le remède?

Allez donc à Trazegnies, ou venez chez moi vérifier ce que je vous dis dans votre intérêt privé et de tout le pays. Au lieu de tout voter pour Rolduc, votez un peu pour fonder une école où presque vous tous, et vos jardiniers, avez bon besoin d'aller vous instruire pour tailler et conduire vos arbres fruitiers d'après les principes du fils aîné de Pomone, le professeur Van Mons.

SCOUMANNE-DERVAUX.

Écaussines-d'Enghien, le 13 janv. 1842.

DIALOGUE

ENTRE M. VAN MONS ET MOI.

DES POMMIERS POUR L'USAGE DES JARDINS.

D. *Voudriez-vous, monsieur, m'expliquer ce que vous avez dit dans votre ouvrage imprimé en 1835, sur le paradis et le doucin, souvent nommé paradis-rogneux; la manière de se les procurer, de les greffer et de les tailler?*

R. Les pommes, pour l'usage des jardins, sont greffées sur paradis (a), de la part duquel la pomme nouvellement gagnée n'éprouve pas d'influence contrariante : elle y réussit très-bien et donne des pieds qui ne sont pas affectés de chancre ainsi que le sont ceux dont la greffe est d'une espèce ancienne. On se procure (b) les sujets des deux sortes, à la fois par boutures et par drageons. La bouture de ces pommiers prend racine comme du saule; les drageons naissent aux pieds de ces arbres. Les sujets, nés de boutures, drageonnent moins. On ne doit pas penser à se procurer ces deux sortes de sujets par le semis, qui ne donnerait qu'un plant grêle, entortillé, et qui au bout de 4 à 5 ans ne serait pas encore de force à recevoir la greffe. Le paradis semé est moins contenant, il grandit davantage que venant de bouture ou de drageon. On est plus avancé en prenant des sujets drageonnés ou bouturés. L'âge du pied n'influe pas en détériorant sur la greffe. Celle-ci domine le pied et le fait participer de sa langueur comme de sa vigueur. Un pied n'est jamais assez malade pour ne pas

(a) Tom. I, p. 4. — (b) Tom. I, p. 5. *Arbres fruitiers*, par M. Van Mons.

devenir sain sous une greffe saine, ni assez sain pour ne pas
devenir malade sous une greffe malade. Le paradis greffé en
place (a), à moins d'opérer avant la mi-février, manque le
plus souvent de succès. Le paradis ne souffre pas l'écusson ;
si on l'écussonne, au bout de peu de temps, et souvent avant
d'avoir donné son premier fruit, il est atteint du chancre du
sommet de la tige, qui d'année en année fait des progrès vers
le bas et continue de se propager jusqu'auprès du sujet qu'elle
épargne. On a beau abaisser le sommet jusqu'à du bois latéral,
droit, sain, le mal ne discontinue pas de se répandre le long
de la tige, frappe de mort la tige successivement substituée,
et ne s'arrête que lorsque le ravage est achevé. Des centaines
de pommiers écussonnés, de la plus belle forme et de la plus
brillante santé, que j'avais reçus de la pépinière impériale,
ont ainsi péri ; pas un seul n'a échappé. La fente est la seule
greffe qui convienne au paradis, et elle doit être faite sur sujet
levé de terre quelque temps avant le solstice et couché en
jauche. Tout bout scié du bois, épais ou mince, ayant seulement 2 1/2 pouces de longueur et même moins, est bon à être
opéré. On ne se gêne pas alors pour le temps, et, si ce ne fût
la crainte de la sécheresse, on opérerait avec le même succès
qu'en mars ou février. Au plant enraciné on ne laisse que de
courts bouts de racines fortes, et on supprime rase naissance
les racines grêles, ainsi que le chevelu. On traite de même
les bouts des racines et jusqu'à ceux-mêmes qui ne sont pas
plus gros que la greffe. Ceux-ci peuvent être œuvrés par la
copulation. Par copuler j'entends faire une entaille dans le
sujet, et une entaille dans la greffe, de manière que le tout
soit bien rapproché. La lésion du côté de la greffe doit être
moins profonde, mais d'une manière telle qu'aucune trace ne
paraisse.

La greffe sur sujet (b) hors de terre produit le bien que le
sujet et la greffe se trouvent dans un égal état de souffrance,
dans la même suspension de vie actuelle, et qu'ils renaissent
ensemble à cette vie et marchent de pair dans leur nouvelle
carrière de végétation. La greffe relève le sujet et le sujet aide
la greffe à se relever elle-même. C'est presque le seul procédé

(a) P. 23. — (b) P. 32, 33, 34.

a suivre pour le pommier sur paradis et pour la fente sur cognassier.

(*a*) On fait un bon mastic pour la greffe et autres besoins de recouvrement en faisant fondre d'abord, et seule, de la cire jaune, ensuite de la poix résine, de la poix de Bourgogne et de l'huile de lin cuite en consistance solide, 3 parties de la première, 2 de la seconde, 1 de la troisième et 1/4 de la quatrième. Ce mastic est mi-blanc : cette couleur a l'avantage de ne pas s'échauffer en présence du soleil ainsi que le fait le mastic ordinaire, composé de poix noire. On le liquéfie pour l'usage dans un vase de cuivre rouge, placé dans de l'eau de sel, le vase contenant cette eau étant lui-même placé sur le feu. Ce mastic ne fendille pas.

(*b*) Les greffes sur doucin (paradis-rogneux, nain) et paradis doivent être surveillées sur le fort bois qu'elles tendent à pousser vers le bas et dont la pousse épuise le haut et le perd sans ressource. On doit, suivant le cas, et dès sa naissance, le contenir ou le retrancher afin de ne pas laisser prendre à l'arbre l'habitude d'en pousser de pareil.

(*c*) Le bourgeon cueilli d'un arbre vieux donne pour cela une greffe moins belle, mais plus disposée au rapport qu'un cueilli d'un arbre jeune. Cette règle est applicable à toutes les sortes de greffes. Il ne faut jamais greffer une greffe de bois gourmand ; on doit, autant qu'il est possible, cueillir les bourgeons pour greffer sur les plus belles branches de l'arbre et les plus élevées.

(*d*) Une greffe que l'on prend d'un poirier sur cognassier n'offre pas de succès pour être greffée sur un franc de poirier, ni une greffe d'un pied sur paradis pour être greffée sur un franc de pommier.

On sent aisément avec quel plaisir j'aurais vu prospérer un calville blanc, un pepin-d'or, une reinette blanche sur franc de leur espèce et s'y former un arbre à tête ; quelles tentatives d'autres et moi n'avons-nous pas dû faire pour réussir dans une œuvre aussi prometteuse ; mais nos efforts ont été éludés ! On obtient d'abord une belle pousse, une subdivision du bois, une végétation alerte, mais lorsqu'il s'agit d'un commencement de

(*a*) P. 35. — (*b*) P. 74. — (*c*) P. 169. — (*d*) P. 365.

rapport le bois devient malade, le chancre s'empare de la greffe à l'endroit de l'insertion de la greffe, comme si la sève s'extravasait, ne pouvant passer outre. Plus le pied, que la greffe occupe, est contenant par faiblesse ou autre cause, plus la chute de la greffe est différée ; parmi ces causes sont : que la greffe soit placée sur un poirier sauvage, sur nain à cidre, sur fin bois et étroite feuille de bonne sorte; c'est qu'alors le rapport est retardé et que la greffe doit moins pousser pour le mettre en relation de vigueur avec le pied.

(*a*) La taille du paradis est la même que celle du pied sur cognassier, tenue à basse tige, avec la seule différence qu'elle doit être plus courte pour empêcher le sujet de s'élargir, afin d'éviter le renversement auquel il est sujet à cause de ses racines trop minces pour le soutenir contre les tempêtes, si on lui donnait de la largeur et de la hauteur disproportionnées à ses racines capillaires. Je préfère répéter ici cette taille plutôt que de faire un renvoi pour rendre plus facile, plus clair, plus réuni le traité du paradis.

La taille des arbres fruitiers en place, comme de ceux en pépinière, doit se faire en vue de rapprocher le bois du centre afin d'empêcher celui-ci d'être dégarni. La taille par laquelle on atteint ce but de la manière la plus sûre consiste à réduire le bourgeon de l'année qui prolonge soit le centre, soit les côtés, au tiers, à la moitié, aux deux tiers de sa longueur suivant la force de l'arbre. On allonge à la taille dans le rapport de la force. Un pied bien nourri donne toujours du gros fruit, du fort bois, si on ne lui laisse trop de fruit, car, dans ce cas, il ne pousserait plus de bois, ce que j'ai vu, ne donnerait même plus que du fruit mesquin. On ne taille que sur le bois de l'année, si ce n'est pour abaisser sur pareil bois les bourgeons de pousse multiple (en bouquet, deux, trois, quatre branchettes terminent la branche) placés plus bas, et alors on emporte rase écorce de ce bourgeon. On ne rapproche pas plus d'un bourgeon sur la branche latérale. Cette taille a pour résultat de faire pousser des branches à fruit avec lesquelles la subdivision des racines se met en correspondance. Le bois grêle et celui incliné doivent rester

(*a*) P. 78, 79.

exempts de taille. Le bois droit, vertical doit être abaissé et lié dès leur apparition à cause des racines pivotantes dont il provoque la pousse et qui font prendre à l'arbre une tendance à pousser du pareil bois. Cette taille doit être pour toutes les quenouilles, pyramides, mais dans la proportion de la force de chaque sujet. Les autres formes en demandent une appropriée à leur forme particulière. Les pommiers sur paradis doivent être maintenus par la taille ci-dessus, mais rendue un peu plus de rapprochement, sous la forme de quenouille à basse tige. Cette espèce ne peut que très-tard être affranchie de tuteur, car aucune n'a autant de disposition qu'elle au renversement et à l'épaulement qui en est la suite. La première racine qui peut plonger droit dans la terre prend appui sur le sol et renverse l'arbre dans le sens opposé. La nécessité de tenir droits les arbres au vent jusqu'à ce qu'ils aient acquis par eux-mêmes la stabilité requise pour s'y maintenir, est commune à toutes les espèces, et même à celles qui dans la suite se forment en couronne. Un tuteur ne doit pas être plus fort que ne le réclame le service qu'il a à rendre, et il ne doit dans aucun cas dépasser la hauteur du pied. Il doit toujours être plus court et plus faible que l'arbre.

Où est l'amateur qui ne désire pas savoir tailler? Il faut bien un grand jardin pour y être tenu à la serpette plus de 3 ou 4 jours : étudiez donc ce précieux ouvrage que nous devons à Van Mons; apprenez à distinguer, à connaître les branches; dites à votre jardinier dans son idiome la manière de bien tailler; vous ferez des jardiniers qui vous élèveront de beaux arbres et beaucoup de beau fruit. Le cognassier et le paradis, étant plus enclins que les autres pieds à pousser des gourmands, je vais ici répéter la plus grande règle, la clef de l'art.

Toute branche quelconque à sa naissance qui (près la tige) l'emporte en grosseur sur sa pareille du même âge, doit être amputée rase écorce. Où est-il l'homme qui dédaigne de fixer son semblable, lorsqu'il le rencontre? Fixez aussi vos bourgeons avant de tailler; abattez sans pitié rase écorce ceux qui surpassent en grosseur, près l'écorce, les bourgeons qui terminent les branches. Cette règle est pour tous les arbres fruitiers, fait seule le choix des branches à couper ou à conserver. Qu'on me pardonne ma manière de persuader, j'écris pour instruire et obliger, tant je plains, en général, les propriétaires d'arbres fruitiers.

Les gourmands restent longtemps verts à leur extrémité après la chute des feuilles; ils surpassent toutes les autres branches en grosseur et en longueur; ils sont presque toujours en correspondance avec des pivots qui les ont fait naître. Si les gourmands sont repoussés l'an d'ensuite par le cognassier, ou le paradis, ou le doucin, faites ouvrir la terre, mais arrivé aux racines prenez une truelle au lieu d'une bèche pour ne pas nuire aux racines, vous trouverez là les pivots qui ruinent vos arbres; les arbres sur franc sont tous dans le même cas, le pêcher, le prunier, le cerisier ne font aucune exception. La connaissance des racines est d'une telle rigueur que sans elle on ne saurait bien gouverner aucun arbre fruitier. A l'inspection du bois, nous devons voir comment vont les racines, ou nous ne sommes capables de conduire un arbre, ni de tailler, tant il y a de rapport entre les branches et les racines. La preuve de ma critique, un peu amère, est chez moi; j'attends les visiteurs pour s'en assurer, n'étant qu'à une lieue de Braine-le-Comte; à la fin de 1842 la station sera près de chez moi.

DIALOGUE

ENTRE M. VAN MONS ET MOI.

TRAITÉ COMPLET DU POMMIER FRANC.

D. *Comment traite-t-on les pommiers francs?*

R. On greffe des francs de pommiers à tige élevée à l'usage des vergers et des jardins de campagne (*a*). Ces sortes de greffes ne sont pas sans avoir du débit. Les variétés court-pendu et belle-fleur sont le plus demandées et le sont presque exclusivement pour les vergers, comme étant les fruits du marché. Les sujets doivent avoir de 5 à 6 ans de semis, et de plus être bien venus pour être greffés à haute tige.

D. *Qu'entendez-vous par francs?*

R. Je nomme francs ce que nous semons pour nous pro-curer des sujets pour greffer les pommiers pour vergers. Ceux que nous procurent les bois sont aussi de bon service, mais le paradis et le doucin ne donnent pas des francs, mais bien des sujets de leur espèce, et sont contenans. Les pepins des poires à manger donnent les francs de poirier.

D. *Qu'entendez-vous par contenant?*

R. C'est l'opposé de développant, c'est-à-dire, contenant, c'est grandir peu; développant, grandir beaucoup, ou deve-nir fort. On doit donc semer les pepins de poirier et de pom-mier pour obtenir des francs de leur espèce (*b*). Les francs de poirier sont à préférer aux cognassiers pour des murs de haute dimension, j'oserais dire moyenne, quand on sait diri-

(*a*) Tom. I, p. 4. — (*b*) P. 8.

ger les racines lors de la plantation, et les surveiller dans
leur pivotage, dont les cognassiers ne sont pas exempts. Ces
francs de poirier sont aussi destinés à faire des pyramides
pour les grands jardins, et à recevoir les greffes de poires
récentes qu'on ne peut confier aux cognassiers qu'ils dévore-
raient dès leur mise à fruit.

Toute graine d'arbre fruitier doit être semée avant l'hiver,
le mieux, après la mi-octobre (a). Celle des fruits à noyau, et
les pepins de raisin pour l'acquisition de nouvelles sortes, le
sont le plus convenablement aussitôt après que le fruit est
consommé. Le succès du semis dépend de l'observance de ce
précepte. Semée après l'hiver, la graine de pepins lèvera
très-partiellement ou ne lèvera pas du tout. Une partie lèvera
une année plus tard. Si la graine est de l'espèce à noyau, le
semis presque entier ou entier restera en défaut de lever, et
le plus souvent, à la saison prochaine, presque aucun ne
lèvera. Pour ne pas répéter ici ce que j'ai déjà dit, en par-
lant du poirier greffé sur franc, c'est la même manière de
greffer le pommier, de l'élever comme un poirier à haute
tige. On peut le laisser grandir sur franc jusqu'à la hauteur
voulue pour le greffer à tête, ou le greffer ras sol sur un
pied rarement chancré, et le greffer ensuite à la hauteur qu'on
désire. Il est de rigueur qu'il ait été déplanté et replanté
pour les pivots.

Je ne conseille à personne de greffer en couronne aucun
pied à haute tige, parce que ces sortes de greffes sont trop
sujettes à être emportées par le vent. Cette manière est presque infaillible, mais ne convient qu'où l'on peut assurer (b)
la greffe au moyen d'un tuteur, où elle n'est pas exposée aux
coups de vent. La règle est commune pour toutes les hautes
tiges qu'on veut élever, la voici : c'est le bois latéral qui
donne de la stabilité à la tige; des retranchemens sont indispensablement faits aux tiges qu'on veut remonter, et on ne
peut les faire que sur du bois avancé et qui a dû faire grossir
la tige. Dans tout exhaussement il est bon de conserver les
branchettes courtes. C'est encore le cas d'appliquer ici les
principes de la grande règle de l'art : «Toute branche quel-

(a) P. 12. — (b) P. 141.

conque qui l'emporte en grosseur à sa naissance sur sa pareille doit être amputée rase écorce. » Fixez bien les latérales
à leur naissance près la tige, et sans pitié, abattez celles qui
l'emportent en grosseur à leur naissance sur leurs pareilles.
Je sais que je me répète, mieux vaut que de ne pas être compris; j'écris pour le public, la haute futaie m'en saura gré, si
elle daigne me lire. A mesure que votre tige s'élèvera, supprimez les plus fortes latérales et laissez monter et grossir
votre tige jusqu'à ce qu'elle ait acquis la grosseur d'un doigt;
alors vous l'étêtez (couper la tête). C'est la première fois qu'il
faut tailler les latérales le long de la tige. La séve, arrêtée
par le coup de serpette, refluera vers le haut et contribuera
puissamment à former la tête. On supprime à chaque taille
les plus fortes latérales, on surveille les branchettes, que
l'on doit amputer les dernières, c'est-à-dire, après toutes les
latérales supprimées. Si votre sujet est à bois droit, c'est le
moment d'écarter les branches les unes des autres, soit au
moyen de quelques fourchettes en bois, soit en faisant un
cran dans un bâton à chaque bout pour y fixer les branches,
en les fixant avec un osier jaune, mince (il est plus souple
que les autres), et toujours plus large de quelques pouces,
parce que la branche gênée ne restera pas précisément où
elle était fixée. Il faut opérer ainsi pour les espacer à une
égale distance entre elles. J'ai dit à l'article du pêcher à quelle
époque et comment il faut faire les suppressions le long d'une
branche, d'une tige. On ne doit jamais dans aucun cas laisser
à une haute tige, qu'on veut élever à tête, aucune branche
perpendiculaire avec la tige; c'est la division de la séve dans
les trois ou quatre branches qui rend votre tête parfaite et
vos branches égales. Les suppressions de branches de la tête
se font sur le bois qui se croise, ou se croisera; une branche
doit avoir sa liberté d'action et jouir du bénéfice de l'air qui
lui est dû pour sa part; fixez bien, avant de supprimer aucune
branche, les branches qui partent de la tête; leur pousse de
l'année doit être plus forte que celle des branches latérales,
car si une latérale l'emportait sur la branche qui part de la
tête, il faut absolument l'amputer; c'est un gourmand, elle
surpasse en grosseur à sa naissance les autres latérales. Si l'on
conserve cette branche, elle attirera à elle toute la force de

toute la branche qui n'augmentera presque plus et deviendra fructifère. Celle-ci en périssant laisse périr les autres latérales par défaut de nourriture que la branche latérale, gourmande, attire à elle. Le ravage de ce gourmand, de cette branche latérale, est soumis à la même règle que dans le poirier, amputez rase écorce. C'est toujours le même principe qui dirige l'action de planter tout arbre quelconque, sans couper la moindre brindille de la tête. C'est une autre attention à faire ici : il arrive que les racines sont plus belles d'un côté que de l'autre, il faut donc que les tempêtes soient prévues en leur opposant les plus belles et jamais planter profond. Je connais un verger, dont le sol est à base glaiseuse, qui a de très-beaux arbres fruitiers. On a pelé le gazon en plantant et butté, ce qui a parfaitement réussi. Après un an de plantation vous devez choisir les boutons les moins avancés à fruit sur lesquels il faut asservir votre taille, sans considération aucune d'un bouton à fruit. Par cette taille générale vous refoulerez la sève sur les racines et les racines la refouleront à leur tour sur les branches. Ce n'est pas du fruit qu'il nous faut, c'est du bois, du fruit après. Un jeune arbre chargé de fruit ne pousse plus de bois, il devient et reste fructifère (noué à fruit sans pousser du bois).

On ne saurait trop fumer les hautes tiges en plantant, il faut de la terre riche aux racines qu'on doit bien diriger en les divisant tour à tour et séparément en nageant; tous les pivots doivent être supprimés; introduire avec les doigts la terre entre les racines, ne la plomber à la fin que du dos de la main. A mesure que les racines s'allongent vous devez mettre vos engrais sur leurs bouts, non pas tenant à la tige, ce dont vous vous convaincrez, si une fois vous déplantez un pied un peu avancé. Les engrais liquides doivent être mis après l'hiver; plus matin, les neiges, les pluies les entraîneraient dans une couche étrangère aux racines jeunes.

(a) En terre argilleuse, en sol humide et bas, où les eaux séjournent, en terrain marécageux, les arbres, et tant les sortes jeunes que les vieilles, sont affligés de chancres. Les fortes pousses y sont inévitables, et c'est sur ces pousses que le

(a) P. 387, 388.

chancre s'établit, surtout si leur direction, ainsi qu'elle l'est dans les sols forts et aquatiques, est inclinée vers l'horizon. Le défaut de pouvoir s'aoûter produit le mal; le bois court est toujours mûr. La sève liquide, crue, empêche le bois de mûrir; la sève épaisse, cuite par le soleil dans sa réaction sur les feuilles, forme du bois d'avance aoûté. Dans ces sols, les racines correspondent au bois qui est poussé; elles doivent se fortifier pour pouvoir le pénétrer. Le sol est imperméable aux racines grêles, le chevelu ne peut y faire aucun progrès. Les racines ne s'aoûtent pas davantage que le bois. L'aoûtement de celles-ci consiste à pouvoir précipiter l'eau d'avec la sève qu'elles reçoivent. Elles ne sauraient le faire dans un sol qu'une eau perpétuelle abreuve. Elles ne peuvent recevoir de la nouvelle sève en remplacement de l'ancienne dont elles n'ont pu se débarrasser, et les bourgeons retiennent celle qu'ils ont prise. C'est en cela que le mouvement de la sève consiste. Elle diminue en perdant de l'eau, soit que le soleil la décompose, soit que les racines la filtrent ou qu'elle s'exhale des feuilles. Le désempli qui en résulte fait aspirer d'autre sève, et oblige celle-ci à s'élever au-dessus de son niveau de communication avec le sol; l'effet se produit dans l'un comme dans l'autre sens suivant les deux directions de l'arbre, et il est probable qu'il a lieu pour les deux cas de baisse et de hausse. L'épanchement de la sève qui ne peut être débarrassée d'eau se fait entre l'écorce et le bois.

DIALOGUE

ENTRE M. VAN MONS ET MOI.

—◦—

TRAITÉ COMPLET DU PRUNIER.

——

D. *Quelle est la culture du prunier?*

R. (*a*) Les sujets pour prunier sont détachés des pieds greffés sur ces sortes de sujets. On prend le prunier à écorce blanche pour les arbres de développement moyen, celui à écorce noire pour ceux fortement contenus ; le fruit est alors plus petit, mais il est plus savoureux, et l'arbre occupe un moindre espace. Il fait bourrelet à l'endroit de la greffe ; cela défigure, mais profite au lieu de nuire à la bonté du fruit. Les variétés hâtives ont une prédilection pour le prunier à écorce noire. Le prunier recherche la couleur correspondante à la sienne. Il réussit néanmoins sur la couleur opposée. Nous ne greffons pas sur amandier ; le pêcher de noyau serait préférable à cause de la plus grande identité, de sa venue plus facile en toutes sortes de sol et surtout de sa moindre sensibilité à l'inconstance des saisons.

(*b*) Le prunier ne peut être greffé plus tard que fin de février, lorsque le prolongement de la gelée n'y met pas obstacle. Cette espèce n'a que deux pieds à mettre en œuvre ; c'est celui à écorce blanche. On greffe celui à écorce blanche, comme celui à écorce noire par approche et accotement sur des sujets placés actuellement autour de l'arbre. Le premier est développant, le second est contenant. Le pourpre à reflet

(*a*) P. 6, 7. — (*b*) P. 25, 26.

verdâtre doit être rejeté; il ne peut être d'aucun usage à cause de sa propension à repulluler. Il peuple sans cesse de ses nombreux drageons le terrain qui l'entoure. La fente est la seule greffe pratiquée pour les sujets à écorce blanche. On peut néanmoins l'écussonner, et l'on écussonne souvent le pied à écorce noire. L'écusson, quelque bas qu'il soit placé et lorsque seul il occupe la tige, fait percer de l'écorce du sujet des pousses sans cesse reproduites, qui empêchent ses progrès en croissance et finissent par le faire périr. On ne peut avec assurance de succès en entreprendre la greffe sur genou, (greffer sur genou, c'est greffer un arbre déplanté avant de le replanter.) Toutes ces mêmes espèces de greffe, et sur pieds hors de terre, comme sur pieds en place, sont entreprises avec plus d'avantage depuis la chute des feuilles jusqu'à l'invasion des gelées et pendant leur interruption et jusqu'à leur cessation : la greffe est aussi en sûreté, sur sujet, qu'en sol, et le sujet n'a, dans ce temps-là, rien à redouter de son abattement à tête de greffe. Ils sont d'ailleurs tous deux garantis par le lien qui les ajuste, et par le mastic qui les recouvre. Une greffe, d'ailleurs, est aussi bien gardée à la surface du sol que fichée en sol, et à terre dans un endroit où on ne fait pas de feu. L'eau qu'elle peut perdre, lorsqu'elle en perd, la met dans un état d'avidité de séve qui facilite sa mise en relation avec la séve du sujet et accélère la reprise. Cette perte d'eau est donc entièrement à son profit, elle fait ce qu'on nomme affamer la greffe.

Si on greffe ras-sol, on doit élever la tige d'après les mêmes principes posés à l'article du pommier franc; la tête et la taille pour la former suivant la même règle. La taille des bourgeons et du bois court est la même que celle de l'abricotier à tête. Je renvoie ici à cette taille pour éviter les redites.

Le prunier au mur exige une taille modérée; il faut abattre rase-écorce et sans pitié les gourmands et les dorsales (branches sur le dos), bien examiner sa manière de donner fruit, parce qu'il donne souvent beaucoup de fruit sur des branchettes qu'il faut respecter en n'en taillant que bien peu l'extrême bout. On doit tenir court le crochet qui se présente en avant de l'arbre, parce qu'on le casse aisément quand on veut le plier. On ne taille pas sur bois mince; cette règle est générale pour tous les arbres fruitiers. On verra à l'article de l'abricotier ce qui est applicable au prunier, n'ayant qu'une seule et même règle pour la taille. Je dois dire ici que les branchettes se suppriment d'elles-mêmes ; qu'il y a dans le prunier, dans le cerisier, des gourmands ; qu'il faut bien s'assurer que le bourgeon sur lequel on taille est plus fort, plus gros que les branches latérales, qu'on doit raccourcir comme les autres bourgeons de l'année, mais selon leur force.

DIALOGUE

ENTRE M. VAN MONS ET MOI.

—————

TRAITÉ COMPLET DE L'ABRICOTIER.

———

D. *Comment élève-t-on un abricotier, quelle est sa culture?*

R. (a) Les sujets pour abricotier et prunier sont détachés des pieds greffés sur ces sortes de sujets. On prend le prunier à écorce blanche pour les arbres de développement moyen, celui à écorce noire pour ceux fortement contenus; le fruit est alors plus petit, mais il est plus savoureux, et l'arbre occupe un moindre espace. Il fait bourrelet à l'endroit de la greffe, cela défigure, mais profite au lieu de nuire à la bonté du fruit.

L'abricotier a avec les sujets pruniers les mêmes rapports de choix que le pêcher. Les variétés hâtives ont une prédilection pour le prunier à écorce noire.

(b) L'abricot, le brugnon et la pêche sont exclusivement propagés par l'écusson, qui doit être pris à œil dormant... Voir à l'article du pêcher, ce sont les mêmes règles pour l'écusson.

(c) L'abricotier pour se former avec docilité en arbres à tête doit être greffé sur élévation de tige, et être dressé sous cette forme par la taille. Le pied de noyau s'y soustrait longtemps et ne l'accepte qu'étant déjà vieux et monté à haute tige; mais la plupart succombent avant d'y être parvenus. La quenouille de circonstance, ou irrégulière, est sa forme de prédilection. La forme en tête demande de l'espace, et pour

(a) P. 6. — (b) P. 27. — (c) P. 40, 44.

s'établir et pour se maintenir. L'air et la lumière lui sont également nécessaires. On doit l'aider à s'élever en nettoyant sa
tige et ses bras, lorsqu'il en a, des pousses inférieures à la tête.
Un arbre qui a été dressé sous une autre forme prend difficilement celle-ci.

Ce qui est dit du gouvernement du pêcher en espalier est
applicable à l'abricotier et au prunier de la même forme. On
peut commencer par conduire l'un et l'autre en palmette (sur
une tige) ou en éventail; on finit, pour les deux, et à la première méprise qu'on commet, par devoir les conduire suivant
la circonstance. Les bourgeons négligés au palissage, en raison
de ce que le restant de l'arbre est contenu, profitent de la
liberté dont seuls ils jouissent pour s'élancer vers le haut avec
impétuosité, et en vivant aux frais du bois sur lequel ils sont
placés. Cela est aussi pour la sorte de prunier qui de sa nature
pousse vigoureusement. Les seuls pruniers à élever au mur
sont la waterloo, dont, au vent, le fruit à peine noué coule
sans exception d'un seul, et une innominée, si tardive qu'au
vent elle reste en défaut de mûrir. La première, et en général,
toutes les prunes ont le fruit percé de ver en exposition du
midi, et le perdent par la coulure. On doit donc l'exposer au
nord, où elle vient sans rien perdre de ses qualités. La seconde
occupe le mieux le levant.

(*a*) L'abricotier fait son rapport sur bois d'un an et, comme
le pêcher, de l'une et de l'autre sève. Il aime à réunir ses yeux
à fruit en groupes compactes de sept à dix et plus d'yeux dans
un espace très-circonscrit et au bas d'un œil latéral qu'il a
fait avancer à cet effet vers le sommet du bois de première
sève, et dont il a garni la pousse de trois ou plus d'yeux à bois.
Toute sa force fructifère se concentre sur ce point, car les
autres yeux du bourgeon sont le plus souvent tous à bois; mais
le bourgeon de seconde sève en porte tout son long et de divers
genres, les uns étant de un œil à bois entre deux yeux à fleur,
d'autres de un œil à fleur à côté de un œil à bois, ce qui se
répète jusqu'au sommet, dont alors la sous-centrale immédiate se met en départ. Les bourgeons des deux sèves ont la
même longueur si le cas que je rapporte arrive. Le bourgeon

(*a*) P. 84, 85, 86.

précédent ne doit pas avoir été raccourci à la taille, mais doit avoir été abaissé au palissage.

Les bourgeons doivent être rapprochés (raccourcis) pour que les latéraux partent, du moins, s'ils sont courts, de plus, s'ils sont longs (suivant la force). Un bourgeon négligé à la taille se dégarnit partiellement la seconde ou la troisième année. Il conserve néanmoins, et très-longtemps des branchettes qui ne font épanouir tous les ans que quelques feuilles, et qui finissent par porter fruit. On rencontre de pareilles branchettes sur divisions de tige de 12 et 15 ans : elles n'ont pas percé de l'écorce. L'abricotier ne perce de l'écorce que par du bois gourmand. Le bois ne part pas d'yeux oblitérés (restés en défaut de partir) ainsi qu'il le fait sur le pêcher. C'est la taille sévère qui provoque l'explosion de pareil bois. On se prévaut de la faculté de le faire éclater pour renouveler l'arbre et l'établir sur des pousses de cette origine, quand l'omission de tailler et de palisser a causé un délabrement incorrigible de l'arbre et une désertion totale du bois. La gelée vient de nous faire le même ravage ; j'ai dû rétablir ici à neuf plusieurs abricotiers au mur et au vent. C'est un moyen précaire et dont les résultats plus ou moins éloignés sont le chancre et la mort. Aucune espèce n'est plus sujette au chancre que celle-ci, et le mal frappe encore plutôt la tige que les bras. La taille intempestive (hors de saison) et le renversement de l'arbre, d'où résulte un épaulement (vouloir tomber d'un côté, pencher fort), en sont les causes factices. La rigidité de l'écorce du bois vieux en est la cause naturelle. La sève dont la taille intercepte le cours ne peut assez tôt se répandre, ou être reprise en temps voulu, et sa stagnation dans un espace borné développe le chancre. La taille sur bourgeon, faite en saison opportune (en bonne saison, après la chute des feuilles) ne produit pas cet effet. C'est celle sur bois vieux, la taille d'amputation (couper) sur pareil bois, qui l'occasionne. On ne doit pas s'empresser à établir l'abricotier sur remplacement de tige, à moins que le haut ne soit dévoré de chancre. On y gagne peu, car le mal descend avec la taille. Le franc de l'abricotier y est beaucoup plus sujet que sa greffe, et celle-ci l'est moins dans le rapport que la tige du sujet est plus élevée. En d'autres termes : le franc de l'abricotier est plus sujet au chancre que le bois du prunier ; plus il est écussonné bas sur prunier, moins il est sujet au chancre. La sève alors rencontre plus tôt une écorce qui puisse la reprendre et l'empêcher de stagner. On sent, d'après cela, que le jeune plant doit de bonne heure être monté à hauteur voulue. Le retard donnerait au bois le temps de vieillir, et le retranchement du bois vieux occasionnerait le chancre. L'abricotier pousse de suite du bois latéral fort. A côté de celui-ci il en fait partir qui est très-faible et se supprime de lui-même, ce sont des brindilles longues, il les entremêle de branchettes à épines fausses et très-aiguës, qui, sur leur courte longueur, quelquefois fleurissent et même rapportent, et se dessèchent en suite ou avant. On les laisse s'étendre ainsi que les brindilles. Le rapprochement des bourgeons (raccourcissement des bourgeons de l'année) fait que les yeux à bois qui les garnissent, et les mêmes yeux sur le bourgeon qui les porte, si celui-ci n'a pas été taillé, s'avancent en autant de branches à fruit. La taille s'allonge dans le rapport que le bourgeon est fort. La bi, tri, quadrifurcature ne peut dans aucun cas rester. Lorsqu'il y a au bout d'une branche de l'année deux, ou trois, ou quatre branchettes pour la terminer, il faut abattre cette tête en taillant sur un œil plus bas. C'est la même règle pour le prunier, pour le cerisier, j'ose même dire pour tous les arbres fruitiers. C'est la place d'yeux à fruit à naître un an plus tard qu'elles ont envahi. Dans l'abricotier, comme dans le poirier au mur, on abat les dorsales rase-écorce ; tout ce qu'on a dit de la taille de l'abricotier est applicable au prunier et au cerisier au mur, en exceptant les dorsales du cerisier.

L'abricotier est enclin à pivoter, surtout quand on le remet à neuf. On ne saurait trop se défier des pivots, ce qu'on voit par le bois droit de ses gourmands et l'inégalité entre eux. Toute branche quelconque qui à sa naissance l'emporte en grosseur sur sa pareille doit être abattue rase-écorce. Je le répète, qu'on me pardonne les redites que je fais dans la crainte de ne pas être compris, il faut choisir pour remplacer, ou pour remplir un vide, une branche qui ressemble au bourgeon de l'extrémité d'une branche, et supprimer les plus grosses à leur naissance que les autres. Il faut que l'abricotier, le prunier et le cerisier, tous trois au vent, reçoivent la même taille basée sur la force des bourgeons. C'est la même règle que j'ai donnée pour le cerisier au vent. Il est sous-entendu qu'il faut éviter le croisement des branches en élevant la tête de tout arbre fruitier.

Je mets ici, pour éviter toutes les redites, une règle commune à tous les arbres fruitiers; on ne saurait y prêter trop d'attention :

Tout bourgeon qui sur le corps d'un espalier pousse en direction plus relevée que celle des bras de l'arbre doit être aussitôt abaissé par le palissage. Une taille sévère provoque nécessairement l'explosion de pareilles branches.

(a) La pêche, le brugnon et l'abricot peuvent, d'après M. Dewael, être greffés en fente et par vieux bois de leurs pareils ou de prunier blanc.

Les arrosemens pendant la floraison ne font rien; ils assurent le fruit au lieu de le faire manquer.

(a) P. 295, 339.

DIALOGUE

ENTRE M. VAN MONS ET MOI.

— ⚬ —

TRAITÉ COMPLET DE LA VIGNE.

———

D. *Comment doit-on élever, planter et tailler la vigne?*

R. (a) Le pêcher et la vigne supportent le mieux d'être plantés après l'hiver. C'est déjà une grande perte qu'une année où la plantation languit. Les arbres sur franc gagnent à être replantés; ceux sur pied étranger, le poirier sur cognassier surtout, y perdent. Il en résulte de ce principe que tout, pour le mieux, doit être planté avant l'hiver.

(b) Chez nous la vigne est rarement élevée sur échalas, quoique certaines sortes un peu précoces, et dont le bois est nativement court, puissent très-bien se prêter à cette forme. Le principal est de les tenir en respect par un tuteur porté par un trépied. On place à de faibles distances de murs en regard du midi. On entortille le tuteur du jeune cep, ce qui fait que la sève s'y meut plus lentement. Si l'échalas est bas, ce que la position peut le forcer d'être, on fait au prolongement du cep faire un tour vers le bas; on fiche en terre en forme de provignage. On taille pour maintenir le bois sur branchettes courtes qui sont dès lors nombreuses, et on ne permet pas qu'il rapporte sur autre bois. Nous dirons plus bas comment ces branchettes doivent être traitées pour ne pas sortir de rapport. Une autre forme est celle sur cordon; elle est difficile à gouverner, car si on ne peut prolonger le cor-

(a) P. 70. — (b) P. 122, 123, 124, 125, 126, 127, 128, 129.

don à l'infini, on ne sait se rendre maître du bois et, après quelque temps, l'intérieur se dégarnit. On établit sur cordon double, la tige étant entre les deux bras, et on travaille à tenir d'égale longueur. On taille assez long pour que les yeux du bas partent en pousse grêle dont l'année ensuite on se prévaut pour avoir du fruit. On réserve pour le même usage les pousses qui paraissent au-dessous des vieilles tailles, soit qu'elles percent du bois ou proviennent d'yeux endormis. On ne taille pas assez long pour que les yeux du bas s'éteignent. On fait courir le cordon sous la saillie des toitures, ou sous le chaperon des murs. Le cordon double, triple, quadruplé, revient à la pulmette sur bras horizontaux. C'est la forme de la treille à jour. La variété doit être précoce pour mûrir.

La vigne est le mieux conduite au mur; l'application immédiate prévaut sur celle avec treillage; la chaleur est mieux conservée quand l'air peut moins circuler. La forme la plus convenable pour cette conduite est la quenouille appliquée au mur, ou la pulmette à bras obliques. L'obliquité des bras, dont celle du troisième bois est une suite naturelle, donne plus d'un avantage à la vigne.

La direction droite donne trop de force au sarment et dégarnit le bas; celle horizontale a le défaut opposé. La direction oblique prête aussi mieux aux rajeunissemens qu'on peut être obligé de faire, et occupe une moindre étendue de mur. Le bois est contenu autant qu'il doit l'être, et il ne l'est pas plus qu'il ne peut l'être. Cette forme passe aussi plus facilement à celle de circonstance que tôt ou tard on doit adopter.

La taille de la vigne ne peut être celle que les livres enseignent et que pratiquent les jardiniers. La vigne ne saurait être exemptée de taille à cause que son rapport se fait sur bois de pousse actuelle, et que la taille peut faire que ces pousses aient ou n'aient pas du fruit. Dans les tailles longues les yeux du bas ne s'éveillent pas, ou poussent du bois grêle et qui est sans fruit; dans les tailles convenablement courtes tous les yeux partent et toutes les pousses ont du fruit; cela prouve que le fruit de la vigne est de formation actuelle et ne préexiste pas dans l'œil dont le développement le fournit. Il pourrait préexister par une disposition dont les effets peuvent être réalisés ou éludés, suivant que l'énergie de la pousse peut ou ne peut

pas la soutenir. Dans les tailles longues les yeux du bas partent
en pousses faibles et qui sont sans fruit. Lorsque tous les yeux
partent à fruit, ce n'est plus la pousse du bas, mais celle du
haut qui est la faible, et qui reste en défaut de rapport. Dans
les autres espèces la taille courte contrarie la formation du
fruit; ici cette taille en favorise l'apparition. On ne taille
qu'une fois l'an, et on taille de bonne heure en hiver, avant
plutôt qu'après le solstice. La vigne dont tout le bois est mûr,
(aoûté, passé par les deux séves) n'a rien à craindre des froids;
elle a soutenu chez moi, immédiatement après avoir été taillée,
un froid de 22 et 23 degrés Réaumur sans en être affectée. Il ne
peut en être ainsi d'un cep que l'ébourgeonnement et autres
suppressions forcent à des repousses que l'hiver surprend avant
qu'elles ne soient achevées. Après la taille unique rien n'est
plus retranché. On ne supprime aucune pousse, et pas même
celle qu'on nomme faux-bourgeon. Le restant des soins à
donner consiste en palissage qu'on répète à mesure que les
sarmens s'allongent trop pour pouvoir se soutenir. On les attache
au vieux bois ayant bonne direction, ou on les palisse séparément par de l'osier et de forts clous. Le principal rapport
dans notre climat doit se faire sur les branches qui ont déjà
donné fruit et que, suivant leur plus ou moins de force, on
taille sur trois, sur deux yeux, ou sur un œil. Il part de chaque
œil conservé une branche portant de une à trois grappes, le
plus souvent deux. A sa troisième ou quatrième feuille au-dessus du dernier fruit cette branchette s'arrête naturellement et
n'a ainsi pas besoin d'être pincée comme on prescrit de le faire
dans le but mal raisonné d'obtenir un reflux de la séve vers
le fruit, comme si de la séve, qui n'a pas passé par les feuilles,
pouvait convenablement le nourrir. Comme le fruit ne paraît
qu'à la place du troisième ou quatrième œil, il reste deux ou
trois yeux pour la taille prochaine. Si plus d'un œil avait été
conservé, les pousses en plus grand nombre, qui en seraient
résultées, pourraient être traitées de même, mais le plus souvent on les réduit à une en faisant choix de la plus basse. Ces
yeux peuvent ainsi être renouvelés pour le rapport pendant dix
à douze ans. Ces branchettes forment le vrai bois à fruit pour
la vigne, celui sur lequel vient le fruit le plus sapide, le plus
juteux et le plus hâtivement mûr. La différence pour la maturité

est de trois semaines à un mois. Le cep se couvre annuellement de fruits sans qu'il en éprouve de la fatigue, à quoi, il
est vrai, l'exemption de taille, pendant qu'il végète, contribue
beaucoup. Il nous est arrivé sur un mur de haut bâtiment, de
225 pieds de longueur, et entièrement tapissé de vignes de
différentes hâtivités, de ne plus trouver une seule grappe à
cueillir au 5 septembre. Ces branchettes si courtes, si grêles,
ne trouvant pas longtemps de séve à aspirer, et n'en recevant
jamais qui soit verte, l'absence de la repousse sur le restant
du bois empêchant que de la pareille séve soit formée, conduisent leur fruit à une maturité avancée. Cette maturité
avancée et la supidité, ainsi que le fondant du fruit, dimi-
nuent lorsque le cep, généralement renouvelé dans son bois,
doit rapporter sur des branches fortes. Ce qui est une preuve
incontestable que le bon et hâtif rapport est dû à la nature du
bois qui porte le fruit.

A la déplantation une vigne doit être rapprochée dans toutes
ses parties, à moins que le cep (pied de vigne) ne soit plus
jeune, et abaissé sur la dernière latérale oblique qui se termine par du bois de l'année. Quand elle est jeune, et que
l'épaisseur de sa tige ne dépasse pas $2/3$ de pouce, on peut lui
laisser 2 ou 3 latérales fortement rapprochées. On supprime à
peu près les racines latérales, et on rapproche fortement la
centrale si elle est longue et si le sol est fertile, car alors trop
de racines donnent trop de bois et du bois trop fort et trop
vert. La vigne n'a pas besoin de beaucoup de racines pour
se nourrir, et dans un sol léger elle les allonge jusqu'à ce
qu'elle rencontre une terre nutritive. En ouvrant pour le
réparer un conduit d'eau passant devant un vignoble, et dans
lequel avait coulé du sable, on trouva une racine de 68 pieds
de notable longueur, droite et d'un bon demi-pouce de grosseur. Cette racine était allée à la recherche de la bonne terre
et s'était allongée jusqu'à ce qu'elle l'eût rencontrée. A cette
rencontre, elle s'était subdivisée en un faisceau de racines
grêles. Elle ne tenait plus à l'arbre, et avait dû en être détachée depuis longtemps, puisque depuis longtemps on n'avait
plus bêché au pied du mur. Elle n'était pas moins fraîche que
si dans le moment elle eût été séparée du pied; elle avait 68
pieds de longueur.

Lorsque la tige est longue et dégarnie on la couche en terre de son long, et en lui faisant garder une direction peu inclinée sous la parallèle. A la seconde ou à la troisième année de la reprise, si le cep s'emporte en sarmens longs et forts, on fouille au pied et on retranche la racine à un endroit peu distant du mur. Le cep est alors établi sur racines de bouture. Une bouture de vigne qui n'a pas encore été enracinée, quelque fort qu'ait été le sarment sur lequel elle a été levée, ne donnera du fruit qu'à l'âge où elle sera mûre pour le rapport. Cet âge doit être de 5 ans. Les boutures de bois grêle restent le double de ce temps à rapporter. On ne doit jamais en faire de pareilles. C'est pour que cette condition de force soit remplie que l'on conseille de tailler la bouture en crossette en lui conservant un bout de bois de la dernière pousse et de choisir le bourgeon le plus vigoureux. On ne peut tailler en crossette que du pareil bois. Un courson fut couché en terre pour lui faire prendre racines; il s'allongea beaucoup, et le bout relevé ne compta pas moins de 14 nœuds; il fut laissé sans taille et palissé verticalement. Tous les yeux partirent et chaque œil donna deux gros fruits, en tout 28 grappes. Les yeux, au nombre de 5, sur la partie abaissée ne s'ouvrirent pas. Ce courson détaché du cep et taillé en bouture n'aurait donné aucun fruit. Il vivait à la fois de ses racines propres et de celles de sa mère. Sevré de celle-ci, mais laissé en place et taillé, il resta 4 ans avant de donner du fruit. L'âge du cep est donc requis pour le rapport.

Nous avons dit ne rien supprimer à la vigne d'une taille à l'autre; nous conservons, par conséquent, le bois chiffon et les vrilles. Chacune de ces parties peut avoir quelque chose à faire pour le bien de l'arbre et la qualité du fruit. Je dois le penser d'après l'état prospère de mes vignes que je taille ainsi. Le bois chiffon, après avoir rempli la fonction de nourrir l'œil à côté duquel il se trouve, arrête sa pousse et souvent se détache. Quand il reste et qu'on ne le supprime pas, l'année suivante il donne fruit. Dans ce cas un œil se trouve placé oppositement à celui que le bois chiffon accompagne, et on voit alors la pousse des trois donner en même temps du fruit, 14 et plus de grappes dans un espace très-circonscrit. Le bois chiffon prend souvent naissance de repousse à la suite de

l'ebourgeonnement. Il se montre néanmoins sur des ceps qui
n'ont pas été ébourgeonnés et sur les plus longues tailles;
c'est au solstice d'été qu'il paraît, il sort de l'aisselle de la 4e
ou 5e feuille. La vrille se montre à la hauteur de la 4e ou 5e
feuille, et la grappe à celle de la 2e feuille. Le bois chiffon
est implanté par empâtement à côté des yeux de nouveaux
bourgeons, et la page de la feuille tient à son pétiole par une
soudure pareille. La nature a voulu faire tomber cette page
qui jette de l'ombrage sur le fruit, au moment où celui-ci a
besoin de soleil. Ce que la nature supprime en temps donné
a, avant ce temps, dû lui avoir été utile.

Depuis que je traite mes vignes, d'après les principes de
M. Van Mons, mon raisin mûrit chaque année, et même où je
taille en famille. Il mûrit à la vérité, mais cette année tardivement et d'après la couche inférieure du sol. Dans les sols
glaiseux, l'eau ne pouvant s'infiltrer avec facilité, il est clair
que les racines vivent dans un sol trop humide dans les années
pluvieuses; que le soleil n'a pas assez d'action, de force pour
élaborer les sucs de la terre; d'où il résulte que tous les fruits
sont sans valeur, ni qualité, ni durée. Pour remédier à la température humide de notre climat je tiens toujours ouverts le
long de mes murs de petits fossés, larges d'un pied et en forme
de faîtière, profonds d'un pied, pour éviter les eaux plu-
viales sur mes plates-bandes, toutes larges de huit pieds,
parce que les fruits reçoivent, année commune, assez d'humidité pour être bons. Cela donne aussi au sol plus d'activité
pour les légumes et les affine.

On vient de voir la manière d'établir la vigne sur cordon,
non pas celle de la poser en plein mur pour en espacer les
membres. Si l'on met les branches, les membres, les bras, ce
qui revient au même, à la distance d'un pied les uns des
autres, il en résulte nécessairement qu'on doive couper la
plupart des branches à fruit et les placer toutes mutilées sur
les dos des membres, ce qui éloigne le raisin du mur. Par
cette taille on fait refluer la sève sur les racines qui la ren-
voient dans le bois conservé, d'où il arrive qu'il y a surabondance de force dans le raisin qui mûrit tard sans être jamais
fin. Espacez donc les bras de votre vigne de 12 à 15 pouces
les uns des autres, selon la force des membres, entre lesquels

vous placerez les nouvelles pousses de vos vignes, et sans en raccourcir aucune. Une autre précaution est de rigueur ; c'est de clouer, lier le plus près possible du mur, non-seulement les branches à fruit, mais le fruit même qui ne doit pas être, dans ce moment, exposé à l'action du soleil. Le raisin qu'on expose au soleil pendant tout l'été devient dur et à peau de parchemin, même immangeable. Posez au mur, en plein air, un thermomètre, et à l'heure de midi, lorsque le soleil est à sa hauteur, laissez-le prendre son point fixe ; posez de suite ce même thermomètre dans l'endroit le plus touffu de la vigne. Quel ne sera pas votre étonnement quand vous trouverez qu'il y a derrière ces feuilles deux degrés de plus de chaleur qu'en plein air contre le même mur? La chaleur se concentre dans les feuilles et fait mûrir le raisin de meilleure heure dans la proportion qu'il est près du mur.

Le sieur De Meester a essayé de faire des boutures de vignes de pousse fraîche et a parfaitement réussi. Le bout de pousse ne doit pas avoir plus de cinq feuilles au-dessus du sol. On pique le plus sûrement en petits pots qu'on place devant une fenêtre en direction d'orient, et on entretient sa fraîcheur. L'année d'ensuite ou à la fin de la saison on dépote, et sans démotter on plante en plein air.

DIALOGUE

ENTRE M. VAN MONS ET MOI.

—————

TRAITÉ COMPLET DU CERISIER.

———

D. *Comment doit-on élever et cultiver le cerisier ?*

R. (a) Les sujets pour les cerises douces sont extraits des bois. Ce sont des rejets d'anciennes souches et tantôt des pieds de venue spontanée; l'espèce est le merisier. Comme arbre sauvage, sa racine, au lieu d'être pivotante, est repliée et traçante. Parmi des milliers de ces pieds qui m'ont été apportés, je n'en ai pas vu un seul qui fût provenu de graine. On en trouve deux sortes bien prononcées : l'un à couleur de chair, et l'autre à fruit noir. Toutes deux sont de bon emploi, leur réaction sur la greffe est de développer. Les cerises aigres sont greffées sur les drageons de la cerise noire qui est chez nous spontanée (la terre la produit sans graine, de l'avis de tous les naturalistes) et croît sur la pente des collines. Ses pieds non greffés, qui tous proviennent de drageons, ne repullulent pas moins activement que ceux qui ont reçu la greffe, de sorte qu'on n'est jamais en pénurie de sujets. Le pied de cerise noire reçoit la greffe de toutes les cerises aigres, rouges comme noires, et aussi celle des douces, mais alors comme pied contenant. On greffe de même les sortes aigres sur sujet merisier (sauvage). En se procurant les deux sujets de noyau on a des arbres moins drageonnans. On place les drageons et les pieds spontanés des deux sortes en pépinière pour être l'un greffé

———

(a) P. 90, 92, 93.

en fente, et l'autre écussonné. On peut greffer le merisier sur genou au sortir du bois; il réussit presque aussi bien de cette manière qu'étant greffé en place.

(a) Le cerisier à fruit doux rapporte tantôt par ses yeux du haut, tantôt par ses yeux du bas. Il réunit vers la base ou vers l'extrémité de son bourgeon un groupe d'yeux jusqu'alors à feuille, mais qui un an après sont en fruit. Il rapporte aussi le long de ses bourgeons de l'année et par la centrale de ses bourgeons. La taille sur bourgeon de l'année le prive pour l'année suivante du groupe de fleurs qu'il aurait fait épanouir (fleurir) au sommet du bourgeon laissé entier; le nouveau bourgeon forme un groupe pareil, mais pour un an plus tard. La taille procure le bénéfice que le groupe d'yeux se formant à fleur, que le bourgeon devance, s'élabore mieux et que les fleurs sur le bout conservé du bourgeon viennent mieux à bien. On taille sur un œil à bois. Le bourgeon répare sa perte, pousse pour remplacer le bout ravalé et fait rarement partir à bois les yeux latéraux à feuille de la portion de bourgeon conservée. La taille contient donc l'arbre de toute la longueur du bourgeon taillé, on prend aussi les fruits que le sommet du bourgeon taillé aurait donnés, mais on gagne en conservation du plein et en vigueur de la pousse. Le besoin de cette taille semble indiqué par la nature qui, après la cueillette du fruit, arrête souvent le prolongement du bourgeon en frappant son extrémité de pucerons qui crispent et brûlent ses feuilles; il cesse alors d'avancer. Au printemps le bout crispé (retiré, rentré,) se redresse et continue par une faible pousse, ses yeux du bas fleurissent par des fleurs nombreuses, ou le bout périt et les yeux sous le bout desséché se forment en grosses lambourdes à fleurs nombreuses, et qui au centre ont un œil à feuille, lequel est en marche de s'élaborer à fruit. Un œil à fleur sur bois de l'année ne saurait être accompagné d'œil à bois ou à feuille. Ces yeux ne se montrent que sur bois de deux ans. Quand les yeux du bas sur bourgeon de l'année fleurissent, ceux du haut sur bois de deux ans sont à fleur. Les yeux qui précèdent le groupe de fleurs sont tous à bois ou à feuille. On peut dire que le même bourgeon de

(a) P. 90, 92, 93.

l'année ne fleurit pas en même temps à sa base et à son sommet. Ces fleurs ne sont pas toujours distribuées en groupe;
elles occupent quelquefois la place naturelle des yeux, et se
trouvent aux mêmes distances et toujours le plus près possible
de la base et sans interruption jusqu'au bois précédent. Lorsqu'un bourgeon non raccourci fleurit à sa base, les yeux sur
bois antérieur, qui tous auraient dû fleurir, se forment la plupart une seconde fois à feuille. La séve descendante qui
achève la façon des fleurs, ne pouvant franchir le nœud entre
les deux branches, s'arrête aux yeux du bas du bourgeon,
qu'elle développe en fleurs. Un ou deux sur dix ou douze de
ces yeux se forme à fleur accompagné d'un œil à bois. Ces
caractères ne sont pas généraux, le mode de rapporter variant
avec la variété.

En d'autres termes d'après ces principes, et ce que m'a
confirmé l'expérience, on doit raccourcir les bourgeons de
l'année de tous les cerisiers, excepté ceux de la cerise aigre
(qu'on dit communément du nord, parce qu'elle exige une
autre taille), suivant leur forêt, ainsi que ceux du prunier et
de l'abricotier, pour faire refluer la séve dans les yeux conservés de la branche taillée; par ce moyen indispensable tous
ces yeux font de petites pousses, que nous nommons crochets,
qui s'élaborent à fruit. Nous devons donc réduire d'un tiers
environ une branche qui a poussé deux pieds; de la moitié
celle qui a poussé dix à douze pouces; et plus celle qui a
poussé moins. Si, au contraire, on taillait trop court, à quatre
ou six yeux, on provoquerait du bois au lieu de crochets à
fruit. C'est la même taille pour les cerisiers au mur qu'au
vent. Sur le poirier on emporte les branches dorsales rase
écorce; dans le cerisier on doit les tailler à deux ou trois
pouces de la branche, si ces dorsales ne sont pas de vrais
gourmands que vous reconnaîtrez par leur supériorité à leur
naissance sur leurs pareilles, par leur longueur. Ces gourmands conservés repullulent tous les ans, quoiqu'ils donnent
une touffe de fruit, parce qu'ils sont poussés, nourris par des
pivots avec lesquels ils correspondent. Une branche dorsale,
taillée comme je viens de le dire, ne repousse pas ainsi, si de
sa nature elle n'est pas gourmande. Il faut bien distinguer les
dorsales (sur le dos) d'avec les latérales (sur le côté). La dor-

sale est en dehors de la circulation directe de la sève, tandis que la latérale (sur le côté) reçoit plus de nourriture que la dorsale dans le passage de la sève. On peut souvent appliquer au mur cette dorsale, parce qu'un cerisier bien nourri doit conserver beaucoup de bois propre à donner du fruit. Des amateurs, que je pourrais nommer, m'ont dit n'avoir jamais vu de cerisier au mur aussi beau, ni donner autant de fruit que les miens. C'est à M. Van Mons que je dois ce que je sais dans la culture des arbres fruitiers. Je n'étais avant qu'amateur, mais un parfait ignorant; je dois ici faire cet aveu dans ma naïveté et franchise ordinaires pour dire aux autres ce qu'ils sont, tout uniment dans l'intérêt de ma patrie, et pour propager l'art de la taille raisonnée d'après la physiologie végétale.

La cerise noire, aigre, (dite du nord, parce qu'elle vient bien au nord), qui sert de sujet aux sous-espèces aigres, fleurit par tous les yeux latéraux de ses bourgeons de l'année, ce qui fait autant de bois dégarni; un œil à bois est au bout pour continuer la branche. Les yeux qui échappent s'établissent à feuilles, et l'année ensuite ils partent en pousse courte qui, aussi sur le bois de l'an, fleurit par tous ses yeux latéraux et se prolonge par un œil à bois du centre. On peut donc dire que ce cerisier ne rapporte que par œil de l'année, car son œil à feuille ne se forme pas à fruit, mais à pousse. Je suppose que pour les rapportans par œil de deux ans le germe du fruit est déjà dans l'œil développé à feuille; ce qui le prouve, c'est que la taille la plus sévère ne le fait point partir à bois. Les années où des gelées succèdent à un hiver tempéré, quelquefois les fleurs, encore enfermées dans l'enveloppe florale, périssent sans avoir laissé de trace d'avoir existé. Ces enveloppes persistent et prennent un accroissement considérable et qui ne s'arrête qu'au moment où le fruit aurait dû mûrir.

Le fruit par œil de plus d'un an naît là où la pousse ne fait plus de progrès, s'arrête, étant encore courte, et se forme à fleur. Empêchez ses progrès et vous aurez du fruit. Il se fait au point de repos une concentration de sève qui tourne au bien du fruit. L'engorgement qui cause la presse produit l'effet. Les moyens pour y parvenir sont divers, et d'abord la nature les trouve dans l'abandon du bois à ses volontés propres. Ce bois, laissé sans taille, s'allonge moins et s'épaissit davantage. Le moyen de tenir le bois menu est de beaucoup tailler. Je parle des arbres dont le bois naissant des tailles ne jouit pas plus de liberté que le restant des branches.

Au lieu de plier les dorsales, comme beaucoup font, dans la taille de la cerise aigre, il faut les couper à un pouce de la branche, et les abattre rase écorce, si la branche est gourmande, plus forte, plus grosse à sa naissance que les autres du même âge. En taillant les branches dorsales à un pouce environ de la branche, on obtient des crochets comme dans les autres cerisiers, tandis qu'en les pliant, la branche s'éteint de tout le long et continue à se prolonger par l'œil terminal pour se croiser les unes sur les autres. Je prie qu'on fasse ici attention à ce que dit Van Mons : que le bourgeon de l'année n'a qu'un œil à feuille à l'extrême bout; il est donc inutile de le tailler, puisque tous les autres yeux sont à fleur, non à bois, et qu'aucune taille ne peut changer de nature. Tout ce qu'on taillera du bourgeon de l'année est autant de fruit perdu et sans espoir de se procurer le moindre bois. Le cerisier à fruit aigre laisse disparaître au vent sa difformité qu'il a au mur, lorsque son bois est doublé, triplé, même quadruple l'un sur l'autre, ce que je vois presque partout. D'ailleurs le beurré-gris peut être mis au nord aussi bien que lui. Je sais que le fruit est moins bon au nord qu'au midi, mais il se gerce, se fendille au vent. Le beurré-blanc et autres, réussissent également au nord. Ici beurré-blanc, là doyenné, ailleurs poires du seigneur; enfin une poire d'automne mûrit au nord, mais elle est moins fine que mise à une bonne position.

DIALOGUE

ENTRE M. VAN MONS ET MOI.

——◇——

TRAITÉ COMPLET DU COGNASSIER.

—

D. *Je vous prie, monsieur, de me dire comment on se procure des cognassiers, et leur usage?*

R. Le cognassier est une espèce étrangère à l'égard du poirier. (a) On se procure les sujets de cognassier, soit par boutures ou par drageons. (b) La bouture prend parfaitement et le drageon ne saurait faillir. On ne doit pas penser à se procurer le cognassier par le semis, qui ferait un plant grêle, entortillé, et qui au bout de 4 ou 5 ans ne serait pas encore de force à recevoir la greffe. On est plus avancé en prenant des sujets drageonnés ou bouturés. L'âge du pied n'influe pas en détériorant la greffe. Celle-ci domine le pied et le fait participer de sa longueur comme de sa vigueur; un pied n'est jamais assez malade pour ne pas devenir sain sous une greffe saine, ni assez saine pour ne pas devenir malade sous une greffe malade.

Quatre sortes de greffe sont strictement requises pour les arbres fruitiers : c'est la fente, l'écusson, la copulation et l'approche. Pour peu que l'opérateur soit exercé, le manque à la reprise est toujours dû à ce qu'elle est pratiquée sur des sujets en sève. L'interruption dans son mouvement la fait stagner et s'épaissir, et la greffe, qui ne peut assez tôt la reprendre et la remettre en mouvement, est noyée par elle. Deux soudures sont alors à obtenir, la soudure de l'écorce et la sou-

(a) Tom. I, p. 4. — (b) P. 5.

dure de la greffe. A moins d'opérer le cognassier de bonne heure, il manque le plus souvent de succès. On doit le greffer au plus tard fin février. Le cognassier levé de terre doit être traité comme le paradis; on doit le greffer en fente et sur genou; les bouts sciés de son bois et de ses racines ont la même valeur que son plant enraciné. (On dit greffer sur genou, parce que le sujet est hors de terre.) Toutes ces mêmes espèces de greffe, et sur pied hors de terre, comme sur pied en place, sont entreprises avec plus d'avantage depuis la chute des feuilles jusqu'à l'invasion des gelées et pendant leur interruption et jusqu'à leur cessation : la greffe est aussi (a) en sûreté sur sujet qu'en sol, et le sujet n'a dans ce temps-là rien à redouter de son abattement à hauteur de greffe. Ils sont d'ailleurs tous deux garantis par le lien qui les ajuste et par le mastic qui les recouvre. Une greffe d'ailleurs est aussi bien gardée à la surface du sol que fichée en terre, et à terre (b) dans un endroit où on ne fait pas de feu. L'eau qu'elle fait perdre, lorsqu'elle en perd, la met dans un état d'avidité de séve qui facilite sa mise en relation avec la séve du sujet et accélère la reprise. Cette perte d'eau est donc entièrement à son profit; elle fait ce qu'on nomme affamer la greffe.

L'écusson seul doit être tenu en fraîcheur. Le meilleur moyen est de rouler les bourgeons, où l'on prend les écussons, dans du gazon après avoir coupé les feuilles jusqu'à proche de la queue de la feuille. Les sujets destinés à recevoir l'écusson, n'importe de quelle espèce, doivent, l'année de son placement, être fortement rapprochés sur tout leur bois, afin que la repousse du bois fournisse une ample séve. La taille d'abaissement et de rapprochement est le plus convenablement faite en hiver; entreprise plus tard, elle peut causer la frisure où le meunier de l'espèce-prune et la végétation retardée des autres espèces, ce qui, l'un et l'autre, nuirait à l'explosion nette de l'écorce dont dépendent le succès actuel de l'écusson et la prospérité future de sa pousse. On n'écussonne pas avec œil porté sur lame de bois. Lorsque la saison est sèche, on arrose fréquemment et largement le plant qui

(a) P. 25. — (b) P. 26.

doit être opéré. La lame de bois produit un gonflement qui pousse l'écusson au dehors. (a) On saisit, pour placer l'œil, la cessation d'une pluie survenant dans la dernière moitié de juillet, ou dans la première moitié d'août. On peut, quand il fait chaud, prolonger l'opération jusqu'à la fin de ce dernier. La sève s'est retirée cette année des sujets-premiers vers la mi-août. On n'enlève rien au sujet opéré. Le meilleur lien pour l'écusson, comme pour toute autre greffe, est le roseau de la natte de Moscovie, il se rompt par le gonflement de l'écorce et n'a pas besoin d'être desserré ni coupé, le rabattement du sujet porte-écusson doit se faire en deux fois. On abaisse avant l'hiver la tête sur une branche inférieure qu'on laisse entière, et après que la pousse de l'écusson a fait quelque progrès, et dans un moment où le temps est fixé au doux, on rapproche la branche conservée jusqu'à un œil de sa naissance (b), mais du côté où est l'écusson. En agissant différemment on risque de faire naître dans l'œil un ver qui le dévore et le fait manquer à la reprise, et lorsque l'œil est parti, au moindre froid qui survient après une température chaude, d'y donner l'existence à un autre ver, lequel perce la pousse dans toute sa longueur et la fait également périr. Ces vers naissent de sève d'abord arrêtée et ensuite extravasée.

Quand une greffe a bien poussé on lui donne un tuteur qui puisse la tenir dressée et la garantir d'être abattue. Si c'est une greffe d'œil, on l'attache au bout de la tige qui la devance. Si c'en est une de bourgeon, on amène un tuteur, on fiche en terre et également on attache. Le lien doit être souple et assez résistant pour ne pas se rompre. On en applique d'abord un au sujet et ensuite deux à la pousse. Celui appliqué au sujet doit être d'osier. Si la greffe est sur moyenne ou haute tige, le tuteur n'en doit pas moins être fiché en terre et doit ainsi se prolonger jusqu'au sol; au solstice d'été on retranche aux greffes en écusson le bout de tige qui devance la pousse, et on applique un autre tuteur; (c) la place du retranchement fait à cette époque se cicatrise parfaitement avant la fin de la saison. Il est sous-en-

(a) P. 27. — (b) P. 28. — (c) P. 28.

tendu qu'on ne suspende pas la végétation par des suppressions de bois faites à la greffe. Ces suppressions ne doivent jamais se faire, hors dans le seul cas où des greffes, placées sur des branches latérales, menaceraient d'être entraînés par le poids ou par la longueur de leur pousse. (*a*) On est tenté de faire des raccourcissements aux pousses si longues et si grêles, en vue de les fortifier, qui font souvent les écussons de poirier; mais en les laissant intactes, on récupère la seconde année ce qu'on croit avoir perdu la première. Quand les deux yeux d'une greffe sont partis et que l'inférieur ne soit pas maigre, on abat la supérieure sur celle-ci; la soudure est plus prompte à se faire à cause que la pousse répond alors aux écorces en contact; cependant, si l'inférieure avait seulement ouvert l'œil, il faudrait s'abstenir de le faire ou le faire plus tard. Si la pousse était faible, la plaie resterait ouverte, car c'est par la sève qu'elle doit se consolider; alors on se garde bien d'en retrancher le chicot; et on laisse la chose dans l'état où elle se trouve jusqu'à la saison prochaine. Les greffes de bourgeon qui n'ont fait qu'une pousse faible sont également laissées en repos et bien jusqu'à la taille d'hiver; on ne détache pas même le lien. Il est des greffes de bourgeon dont les yeux dorment un an; à celles-là et à celles qui ne sont pas assez avancées pour devoir être soutenues, on n'applique pas de tuteur et on s'abstient d'en rapprocher la pousse, car il suffirait de détourner la sève de l'œil central vers un œil latéral pour faire périr la pousse. L'effort d'explosion pour l'œil du centre sur celle d'un œil de côté est différent du tout au tout.

Il arrive souvent que les greffes tardivement placées retardent jusqu'au solstice d'été leur entrée en végétation. Il en résulte qu'elles sont privées du bénéfice de la seconde sève et que leur bois est mal aoûté à l'approche de l'hiver (*b*), ce qu'indique entre autres la chute tardive de leurs feuilles; la greffe pousse au printemps par de la sève d'été, et continue de pousser par de la sève retardée jusqu'à la fin de son existence. La condition des pousses de cette sève retardée est toutefois moins déplorable que celle des pousses de la sève

(*a*) P. 29. — (*b*) P. 30.

devancée, dont la taille d'été provoque l'explosion et celle des pousses que l'écusson à œil poussant fait naître, car les unes résultent d'yeux qui se sont tardivement éveillés, tandis que les autres sont l'ouvrage d'yeux qui se sont éveillés avant d'avoir dormi. Le temps de s'élaborer a manqué à ces dernières; ce temps a seulement été dépassé pour les premières; mais un trop long repos a introduit un renversement dans l'ordre des sèves. Mieux vaut que la greffe, sans cesser de vivre, ne pousse pas du tout et diffère son développement jusqu'au printemps prochain, ce qui est arrivé, pendant les deux saisons de sécheresse chaude qui en dernier lieu se sont succédées, à plusieurs de mes greffes faites tardivement et sur genou. La pousse regagne alors le temps perdu et le gagne avec usure, car elle triple de force, comme si pendant le repos la force végétative avait par concentration fait ses progrès ordinaires.

Toutes ces règles à suivre pour la culture des greffes et écussons sur cognassier doivent être suivies pour les greffes et écussons des autres arbres fruitiers.

(a) Les greffes de poirier et de pommier né peuvent être levées sur des sujets portés par le cognassier ou le paradis pour être greffées sur franc. Les greffes du poirier donnent des pousses maladives, et celles du pommier des pousses qui périssent. Elles ne se relèvent pas de l'abaissement où la contenance les a fait descendre. La graine de poirier vivant sur cognassier imprime à son plant une débilité de vie dont la greffe d'une sorte récente peut seule le faire revenir... La greffe fait prendre au pied toutes ses habitudes et l'oblige à renoncer à toutes les siennes. Le pied ne force la greffe à rien de pareil. Le sujet est pour la greffe un prolongement du sol; la greffe est pour le sujet quelque chose de pire que le sol. Avec la coopération d'un petit nombre de greffes posées sur bois latéral d'une sorte emportée, la tige la plus grêle d'une sorte contenue est rendue épaisse.

(b) Les pieds caducs, pour être greffés en sorte ancienne, se restaurent en les regreffant en sorte nouvelle; toutes les rides de l'âge disparaissent et l'arbre renaît à une belle santé. On pose des greffes sur chaque branche latérale, en fente sur les

(a) P. 31. — (b) P. 32, 33, 34.

branches fortes, par copulation sur les branches faibles. Je suppose qu'on n'exécutera cette opération que sur le poirier; les autres espèces n'en valent pas la peine. Le poirier, comme le plus noble des arbres fruitiers, est le plus vite atteint de maladies et se montre le plus patient à les supporter. On n'épargne aucune branche hors celle centrale qu'on abaisse (raccourcit) et qu'on réserve pour recevoir plus tard l'écusson de la sorte employée à la greffe. Dans aucun cas on ne doit poser sur la centrale extrême (bout) une autre greffe que l'écusson. En d'autres termes, quand on change le fruit d'un sujet on doit écussonner la branche qui aurait prolongé l'arbre, si on ne l'avait regreffé. Si vous la regreffez, la greffe ne partira pas et restera malgré vous à fruit.

A moins de vouloir faire de hautes ou moyennes tiges, on doit placer la greffe sur le bas de l'arbre à une faible distance du sol, à deux pouces et demi d'élévation au plus. Cette règle vaut pour l'écusson comme pour toute autre sorte de greffe. Le développement est plus rapide, sans doute à cause que la greffe a moins de distance à parcourir pour arriver à la racine. Les greffes posées sur quarts de tige languissent longtemps et ne prennent que difficilement un bel élan. Les espèces, dont le fruit est à noyau font une différence, mais pas d'exception. Ce qui a été dit de la greffe sur paradis est applicable à celle sur cognassier. La règle est pour toutes les espèces.

La greffe sur sujet hors de terre produit le bien que le sujet et la greffe se trouvent dans un égal état de souffrance, dans la même suspension de vie actuelle; qu'ils renaissent ensemble à cette vie et qu'ils marchent de pair dans leur nouvelle carrière de végétation. La greffe relève le sujet et le sujet aide la greffe à se relever elle-même. C'est presque le seul procédé à suivre pour le pommier sur paradis et pour le cognassier en fente. A la replantation d'un arbre auquel on attache du prix, et tel que d'un beau sauvageon, ou d'un pied qui a déjà marqué en bon, d'une greffe de haute qualité, ou enfin d'une sorte dont on veut conserver l'espèce, si la hauteur de l'arbre, disproportionnée à son espèce, oblige d'en abattre la tête, on doit lui appliquer par copulation une ou deux greffes de son espèce, une si on l'étête par une section oblique, et deux si la section (action de couper) est de travers. Quel que soit l'accueil que lui fasse la saison, le pied est immanquablement sauvé, sinon si la saison est chaude et sans pluie, sa reprise est indubitablement manquée. L'aide que la greffe lui prête consiste à remettre en mouvement la sève par l'attraction que ses yeux exercent sur elle. Une pièce de bois coupée en hiver pousse des jets dans les premières chaleurs; c'est la sève, qui était en état savonneux pendant l'hiver, devenue liquide par l'action du soleil, qui fait pousser les jets. Il en est de même de la greffe dont la sève se marie à celle du pied étété.

N. B. Si l'article ci-dessous, explique page 34 de l'auteur, est dans le traité du poirier franc, il ne faut pas ici le répéter; le voici:

Celui qui veut greffer ne saurait assez de bonne heure couper les bourgeons de greffe. Il ne doit pas attendre longtemps après la chute des feuilles. Il choisit les bourgeons de moyenne épaisseur. Aucune greffe ne peut être prise sur du bois gourmand; les greffes doivent être de bois de première sève. On coupe au-dessus du troisième œil ou quatrième du bas. Le bout restant doit fournir de nouveaux bourgeons pour l'arbre. On coupe sur le pouce et on tient le bourgeon de l'autre main pour éviter les méprises. On fiche au pied de l'arbre. Là on les retrouve sûrement et sans devoir les déplacer pour en reconnaître la marque.

(a) Les greffes sur cognassier doucin et paradis doivent être surveillées sur le fort bois qu'elles tendent à pousser vers le bas et dont la pousse épuise le haut et le perd sans ressource. On doit, suivant le cas et dès sa naissance, le contenir ou le retrancher afin de ne pas laisser prendre à l'arbre l'habitude d'en pousser de pareil. C'est ici qu'on doit faire la plus grande attention si l'on veut avoir de beaux arbres fruitiers; il est d'une extrême rigueur que toutes les branches, qui naissent à la suite d'une taille, soient à *leur naissance* de grosseur égale (près de la tige), car l'expérience nous apprend que les plus grosses, près de la tige, que les autres sont des gourmands naissans qu'on devra supprimer plus tard, si l'on veut que la tête s'élève; les gourmands formeront autant d'arbres, l'emporteront sur la tige de votre arbre en hauteur et en grosseur,

(a) P. 74.

et finiront par rendre la tête de votre sujet grêle et absolument nulle. Pour remédier à ce désastre il faut surveiller
souvent, dans le temps de la pousse, tous ses pieds, même les
francs, quoique moins enclins à pousser ces gourmands. Si la
différence entre les branches n'était pas forte, on doit planter
une grosse baguette à la portée pour y fixer le gourmand sous
l'horizon ou horizontalement, suivant la grosseur qu'il aurait
déjà acquise; si elle est forte, il faut la baisser davantage
pour l'empêcher d'augmenter et l'abattre rase écorce à la
taille prochaine. Voilà d'où vient que l'on a toujours des quenouilles difformes, de bois inégal, sans largeur ni hauteur.
Contenez donc, ou supprimez s'il le faut, ces gourmands quand
ils paraissent, votre bois sera égal partout; le bois de la tige,
de l'extrémité, l'emportera sur tout le bois des branches latérales (de côté), parce que la séve, agissant toujours du bas
en haut et du haut en bas, fortifie toujours la tête, si elle
n'est pas saisie dans son mouvement par des gourmands que
vous contenez en vain au moyen de la serpette pour sauver
la tête qui périt sans ressource par votre ignorance. Ce précepte est d'une telle rigueur que Van Mons dit d'abattre ces
gourmands, dussiez-vous faire un trou, parce que la séve,
n'étant plus arrêtée là, montera vers la tête qu'elle sauvera,
et vous aurez un bel arbre fruitier. Avant de tailler votre
sujet, fixez bien le bois; il est de rigueur que le bois de la tête
l'emporte en grosseur et en longueur sur celui des autres
branches de côté.

Un bon père donne à ses enfants une nourriture, une
éducation égales; il ne souffre pas que le plus fort rixe le plus
faible, qu'il doit, au contraire, protéger; les branches d'un arbre
ne sont-elles pas aussi sa progéniture ou ses enfants? Si vous
ne savez dompter les gourmands par un palissage même sévère,
il faut donc les abattre pour partager la séve entre les branches par une égale distribution. Si cet arbre continue à
s'emporter dans ses branches latérales (de côté) ou s'il pousse
toujours du bois gourmand, visitez les racines et vous trouverez la cause, parce qu'il pivote. Cette règle est générale
pour tout ce qui végète, je ne crois pas trop dire. Propriétaires d'arbres fruitiers, soumettez ce que j'avance ici à ceux
qui connaissent la physiologie végétale (le mouvement, la cir-

culation de la séve), vous trouverez la cause de la forme
hideuse que les gourmands et les pivots donnent à vos arbres ;
observez la pousse des branches, vous verrez que les gourmands l'emportent toujours sur la tête de votre sujet, qu'elles
finissent toujours par détruire, tant elle devient grêle ; expli-
quez ces principes à vos jardiniers, dont la plupart ne savent
raisonner et taillent comme des bûcherons. Si ma manière
d'instruire est un peu acerbe, le cas l'exige, je parle par
expérience et j'attends avec plaisir la visite des amateurs pour
leur prouver que je parle avec chaleur de leurs intérêts en
leur expliquant le désastre, le ravage que causent la séve mal
distribuée, les gourmands et les pivots. (a) Les sortes récentes
sur cognassier, et aussi longtemps qu'il ne se forme que du
bois, le développement devance celui de la greffe posée sur
franc ; il faut que l'arbre soit arrivé au rapport pour que le
désordre commence à s'introduire, et alors sa marche est si
rapide qu'il se termine avant que le fruit ne soit mûr. Rien
n'échappe au ravage du mal. Le chancre attaque la tige et
l'extrémité des bourgeons, les feuilles jaunissent, le fruit
procrée un ver, prend de la carrière et se gerce. L'arbre provoque lui-même sa suppression. Le pied avait assez d'énergie
aspirante pour former en nourriture de quoi former le bois,
mais lorsqu'il s'est agi de soutenir la formation du fruit, il
s'est trouvé en défaut ; le fruit a dû se nourrir de la substance de l'arbre ; il l'a épuisé de cette substance et l'a fait
tomber en délabrement. On conçoit très-bien un pareil effet.
Cet effet prouve que le fruit a besoin d'une toute autre nourriture, et d'une plus substancielle que celle que prend le
bois, et que le bois seul, ou sans le secours des racines, ne
peut lui fournir qu'aux dépens de sa vie. Comme le rapport
est toujours riche, le nombre des fruits augmente l'épuisement. Quand sur les arbres délabrés par cette cause on place
la greffe d'une variété ancienne, qui réussit sur cognassier,
l'arbre renaît à la santé.

On doit croire que M. Van Mons n'a écrit que pour nous
instruire en nous communiquant le résultat de ses expériences. On ne peut donc pas, d'après ces résultats, greffer

(a) P. 149, 314.

sur cognassier une poire qu'on vient de gagner, parce que le cognassier est d'une nature contenante, peu propre au développement, à la nourriture qu'exige cette poire récente; le bois qu'a poussé la greffe meurt épuisé quand arrive la mise à fruit, et le pied existe comme cognassier. Beaucoup de pépiniéristes nient ce fait, pour vendre, peut-être, les cognassiers greffés de poires récentes; ils disent que c'est un changement de sol...; l'expérience nous l'apprendra. Tout ce que je sais, je peux l'affirmer, c'est que les poiriers de mes jardins, greffés en poires nouvelles, me donnent plus de fruit que mes autres, quoique sur francs de part et d'autre. Il est presque incroyable le nombre que j'ai vu de pieds épuisés sur cognassier, et sans ressource, lorsqu'on les abandonne à la fougue de leur rapport sans les secourir au moyen des engrais, tels qu'une infusion de fiente de pigeons, mise sur les racines, du tourteau en poudre ou en pain, des urines, enfin une infusion d'excréments quelconques. On doit faire attention à la longueur des racines pour mettre ces engrais; c'est par la bouche que nous prenons nos nourritures, comme les racines la reçoivent par leurs orifices, par leurs bouts. Qu'on me pardonne ces comparaisons, j'écris pour instruire et à la prière de l'auteur, pour obliger les propriétaires d'arbres fruitiers et sans distinction de rang ni de naissance. Je dois ici dire que je ne souffre aucune fleur, aucun arbuste, aucune racine pivotante où sont mes arbres fruitiers; qu'il y a ailleurs du terrain assez et uniquement pour les fleurs : faire du bois, faire du fruit pour un poirier qui vit avec des fleurs, des fraisiers, des rosiers, etc., etc., c'est trop pour mon sol. Mes espaliers ne connaissent pas la mousse; j'ai mes brosses de différentes largeurs pour nettoyer les hautes tiges, pyramides ou quenouilles. La mousse est une plante parasite, elle vit sur l'arbre et le ronge; elle est souvent l'emblème de l'humidité et toujours de la misère; c'est sur mes moins vigoureux que j'en trouve. Comprimer la force et relever la faiblesse, affaiblir l'une autant qu'on fortifie l'autre afin d'avoir le juste milieu; assez de force, pas trop de faiblesse, c'est là pour l'arbre fruitier où se trouve le riche et constant rapport; au delà est l'excès de bois, en deçà est le défaut de fruit. Une rivière déborde, parce qu'elle est trop pleine; tous les boutons avortent à bois

quand les racines donnent trop de sève; quand une mère n'a
point de lait, son petit périt d'inanition, de défaut de force.
Cette comparaison ne cloche pas; il y a comparaison entre les
deux règnes, animal et végétal. Ce n'est pas assez pour tout
le monde d'expliquer, de démontrer, il faut prouver et persuader, parce que les propriétaires d'arbres fruitiers, et leurs
jardiniers connaissent, pour l'ordinaire, bien peu ou pas la
physiologie végétale, ni la taille, oui, la vraie taille des arbres
fruitiers. Leurs arbres ne sont-ils pas, en général, hideux,
pitoyables, si on les compare aux miens d'après les principes
de Van Mons, dont, à sa prière, je mets l'ouvrage à la portée
de tout le monde? Je dois dire ici qu'une couche de chaux,
mise sur la mousse en automne, l'enlève après l'hiver.

(a) Un rapport précédent par un grand nombre de fruits, et
un rapport quelconque quand le fruit est pesant, en faisant
courber les branches, dispose à un riche rapport suivant. Les
yeux ne pouvant s'avancer à bois, restent à fleur. C'est ici un
cas où l'effet reproduit la cause et la cause reproduit l'effet.
Cette arcure naturelle des branches, malgré que le plus souvent elle soit générale, et que le sommet y soit lui-même
soumis, ne fait jamais naître de mauvais effet des arcures artificielles, bien qu'elles soient partielles, lequel est de faire
partir une droite du dos de l'arc.

L'inconvénient de larges rapports est que le fruit se fait
juger à faux pour sa valeur en volume et en qualité. Dans la
suite, et lorsque l'arbre est devenu vieux, il porte du fruit
gros et bon, mais ce n'est pas alors qu'on juge le fruit, c'est
lorsque l'arbre est jeune qu'on l'admet ou qu'on le rejette.

Une taille modérée, et telle qui nous avons recommandé
d'en faire une pour les arbres de greffe, entretient la belle
feuillaison de l'arbre franc en même temps qu'elle tempère
sa propension à l'abondant rapport; un trop grand épuise
l'arbre et hâte sa vieillesse. Le rapport est pour l'arbre un
acte de plaisir; il en abuse, s'énerve et devient vieux avant
le temps. Un nombre de fruits compte dans un certain rapport, pour un nombre d'années. La faiblesse de constitution
donne cette propension à la propagation, l'arbre se sent périr

(a) P. 339. 340

dans son individu et s'empresse de revivre dans sa progéniture. Telle est la marche du pied sur cognassier.

On nomme branche à bois celle qui part du tronc de l'arbre ; on nomme latérales les branches qui sortent sur les côtés d'une branche à bois ; on nomme sous-latérales, tertiares, les autres qui naissent des latérales.

L'arbre dont on laisse avancer sans fin le bois latéral, en est bientôt dégarni, et ce qui en ce bois lui reste, ne lui sert pas davantage que s'il l'avait perdu : cette taille est à la fois de prévision, de conservation et de bonification. Elle garantit des effets de la sécheresse, maintient l'arbre en vigueur et assure la bonne qualité du fruit. Cette taille devient d'une extrême rigueur dans un sol sec, aride, stimulant, et qu'à ce défaut il joint le plus grand, celui de manquer de profondeur, d'avoir la couche superficielle peu épaisse.

On ne doit pas outrer cette taille, et on n'a pas besoin de la faire lorsque chaque année on la répète ; mieux vaudrait ne jamais la faire que de ne pas la continuer. Elle pourra être d'autant plus modérée que sa répétition aura été moins négligée. Je donne un précepte pour les jardins de jouissance et non pour ceux d'expérience, pour lesquels il ne pourrait être exécuté.

Les chicots sont les restes des branches soit mortes, soit vives, qu'un jardinier négligent a laissés de la longueur d'un pouce au lieu de les couper rase écorce.

L'argot est le reste d'une branche, d'un bourgeon coupé à un, deux ou trois pouces du membre d'où les mauvais jardiniers prétendent faire sortir des boutons à fruit, à force de les tailler tous les ans à cette longueur, tandis qu'ils devraient les amputer rase écorce de la branche, s'ils connaissaient leur état. Les gourmands, ainsi taillés tous les ans, grossissent démesurément et dans la proportion que ces gourmands auraient grandi, si on les avait laissés croître ; en outre les branches mutilées par une taille mal comprise, intempestive, obligent la sève à refouler partout, laquelle se jette dans les boutons à fruit, qu'elle fait en partie avorter à bois, et dans tous les bouts mutilés par la serpette. Il y a de ces argots qui, à la longue, sont plus gros que le poing ; un arbre bien taillé n'en a pas. Un vrai ignorant laisse grandir des branches

qu'il aurait dû tailler rase écorce la première année de leur
naissance, les entretient de la même longueur et les fait
grossir à coups de serpette, au lieu de la scie qu'il aurait dû
employer

On doit tailler à une ligne au-dessus de l'œil, presque sans
talus pour faciliter la cicatrice ; quand on taille plus haut il
y a un onglet qui ne meurt pas, mais empêche la cicatrice.
Un bûcheron taillerait mieux ou pas plus mal. Un onglet est
donc un bout de bois au-dessus d'un coup de serpette mal
donné, long de trois, quatre ou cinq lignes, n'ayant aucun
œil. Il faut tailler à l'opposite de l'œil. Les bois morts et les
branches sèches doivent être amputées jusqu'au vif, et après
qu'on a bien uni sa coupe on doit y employer l'onguent de
Saint-Fiacre (bouze et argile mêlées ensemble), en faisant à la
place une poupée, telle qu'on en met aux greffes en fente.

Les lambourdes ont le bois fluet, les yeux plus saillants et
plus rapprochés ; posées verticalement, elles s'allongent en
branches à bois ; posées horizontalement, elles grandissent peu
et sont le bois le plus riche et le plus sûr en rapport. La brindille
lui ressemble beaucoup, est plus faible et a les yeux moins
gros. Tout ce bois, n'importe où il soit, est précieux et à conserver. Les branches de faux bois sont plus longues, plus
faibles que les lambourdes, mais ont les yeux plus espacés et
plats, presque invisibles. Le bois gourmand est beaucoup plus
fort, plus long que les autres bourgeons ; très-longtemps après
la chute des feuilles, des feuilles vertes, que l'espèce de sève
entretient ainsi, prouvent que ces branches sont gourmandes,
et qu'il faut les couper rase écorce. Si l'arbre continuait à en
pousser de pareilles, il faudrait visiter les racines pour y
trouver le mal qui est toujours du côté où sont les gourmands
et que des pivots nourrissent et rendent indomptables.

Il arrive presque toujours dans tous les arbres fruitiers que
des branches ont pris une direction contraire à celle qu'on
leur désire pour la beauté de l'arbre. Voici le moyen que
j'emploie et qui est infaillible, puisque mes branches, que je
fixe au moyen d'une hare, restent fixées pour toujours dans la
position que je leur assigne : je pose ma hare à un endroit
flexible de la branche que je veux plier, écarter même selon
le cas ; je l'attache à une autre branche plus forte, ou plus

près de la tige, où elle peut résister; après les deux sèves re-
tirées je coupe la hare et ma branche reste fixée, quoique en
pleine liberté. Je me sers aussi dans les bois droits de petites
fourchettes en bois pour écarter les cotiges, ou je les écarte
au moyen des piquets que je plante autour du sujet. Il en est
de même des branches qui sont trop écartées et que je dois
rapprocher du centre. C'est une petite besogne qui rend un
arbre parfait dans la distribution de ses branches. Un arbre
doit être un arbre de l'art en tout, a dit Van Mons, ou un arbre
de l'art en rien. Il n'est pardonnable qu'aux pauvres, qu'aux
gens peu moyennés d'avoir des arbres fruitiers mal faits et
estropiés. S'il arrive qu'on doive faire cette opération sur une
branche plus roide, il faut mettre deux torches de paille, une
à chaque branche du côté de la pression, pour empêcher que
la sève ne soit gênée dans son passage, et que la pression ne
fasse une bague profonde dans l'écorce. Il faut délier en automne. Il faut avoir la précaution de trop forcer la branche
dans la direction qu'on exige d'elle, parce que souvent elle
se retire un peu trop, ou la laisser fixée pendant deux ans,
si la ligature est bonne et n'a causé aucun dommage aux
deux branches.

Si j'ai rendu cet extrait à la portée de tout le monde, c'est
pour obliger le public et lui procurer tout uniment les moyens
d'avoir des arbres aussi beaux que les miens; si je me suis
servi d'expressions trop communes, en expliquant par l'analyse les mots techniques de l'art, on doit me le pardonner,
parce que je voulais que l'auteur fût compris. La difficulté
est surmontée, cet ouvrage est rendu intelligible à tout le
monde; rendre l'extrait plus laconique, plus succinct, cette
tâche est réservée à un autre amateur plus instruit que moi.

TRAITÉ COMPLET DE LA MATURITÉ DES FRUITS.

—

(a) Quand on veut juger de toute la qualité d'un fruit, et aussi quand on veut en jouir en plein, il est important de le prendre à son point de maturité précis. Le point pour les fruits, dont le séjour en fruiterie doit se prolonger, n'est pas toujours facile à saisir, car il est subordonné à un précédent qui est le point préfixe de la descente du fruit de l'arbre. Il y a aussi des précautions à prendre pour que le fruit parcoure régulièrement les diverses périodes de sa maturation ; que celle-ci ne soit pas hâtée, pas retardée ; on doit surtout la surveiller, car les fruits n'ont qu'un moment à être mûrs, c'est-à-dire à leur point de maturité parfaite. En deçà et au delà ce n'est pas la même chose. On ne condamne souvent un fruit comme médiocre que parce qu'il n'a pas été cueilli en temps propre, ou qu'on l'a dégusté trop mûr ou peu. J'ai fait des centaines de condamnations de ce genre, mais dont des dégustations faites avant ou après ont rappelé. La plupart de ces jugemens ont été reformés. Cela est tellement vrai que M. le comte Vanderburch, mon voisin et coamateur, a marqué en bon, très-fin, en 1839 et à propager, que la même poire était très-médiocre l'année suivante, pour ne pas dire mauvaise. Il faut donc qu'une poire ait été mauvaise deux ans consécutifs pour

(a) P. 116, 117, 118, 119, 120, 121, 122.

la condamner à l'extinction. Je dégustais en différens temps et chaque jour d'après un seul fruit. Le verdict pour l'absolution faisait loi à cause qu'un fruit n'est pas une seule fois bon sans pouvoir toujours être bon ; quand il ne l'est pas, c'est au dégustateur qu'il faut l'attribuer. Je trouve dans des endroits sans fin de mes annotations, bon, passable, à supprimer et très à propager. Ce dernier jugement était porté sur un fruit exactement mûr. Je ne pouvais me méprendre, car sur chaque fruit était inscrit le numéro suspendu à l'arbre. J'ajoutais d'ailleurs un mot sur la forme approximative, comme moyen de plus de bien m'orienter pour le présent et l'avenir.

Je ne dirai pas comment doit être la fruiterie : en été, un endroit chaud ; en hiver, une place tempérée. Le fruit d'été ne peut pas mûrir trop vite ; le fruit d'hiver doit mûrir lentement.

On déguste mal un fruit qui a outre-passé sa maturité sur l'arbre, et un fruit qui mûrit sur l'arbre l'outre-passe toujours. On peut de plus ou moins cueillir les fruits avant leur maturité ; on doit absolument en cueillir quelques-uns avant d'être mûrs. La pêche et le brugnon doivent être cueillis quelques jours avant d'être consommés. La température qui règne décide du nombre de jours. Cueillis mûrs, ils seraient pâteux. L'abricot ne supporte d'être cueilli que bien peu de temps avant d'être mûr. Le fruit du pied au vent, celui surtout de fortes branches, se cueille lui-même. Il tombe lorsqu'il a reçu tout ce que l'arbre peut lui donner. On le consomme, au plus tard, dans les premières vingt-quatre heures. La poire demande un peu plus de détail. La prune ne demande pas d'être cueillie longtemps avant d'être mûre ; il y a même des sortes qui peuvent mûrir sur l'arbre. Cueillie un peu avant d'être mûre, elle se ride autour de la queue, ce qui n'enlève rien à son mérite. Elle est mûre lorsqu'une faible secousse de l'arbre la fait tomber. Sans ce mouvement, ou sans l'agitation par le vent, il n'y a que les trop mûres qui tombent. La cerise doit être cueillie de grand matin pour être consommée dans le jour ; la fraîcheur fait son grand mérite. C'est cependant le fruit qu'on cueille le plus souvent avant son temps. Le raisin doit aussi mûrir sur l'arbre. La poire, à moins d'être d'hiver, ne saurait se dispenser d'être cueillie un peu avant d'être mûre. La moins sujette à souffrir de cette dispense doit être descendue de l'arbre huit à dix jours avant d'être mûre.

Comme on ne sait pas précisément à quelle époque un premier rapportant mûrit, on doit l'interroger sur sa précocité ou tardivité en fractionnant la cueillette. On voit à peu près quand un fruit approche de sa maturité sur l'arbre. Il est des fruits qui manifestent ce point à ne pouvoir s'y méprendre, et c'est le plus grand nombre. Ces fruits sont la pêche, l'abricot, la prune, la cerise. La poire doit être essayée, la pomme aussi. Une teinte donnée, naturelle, est facile à saisir de la couleur qui leur est propre. On fait donc une première cueillette, et, si celle-là est prématurée, on en fait une seconde ; la troisième est inutile, parce que la seconde étant négative, le fruit est décidément d'hiver, et alors il ne peut rester trop longtemps sur l'arbre : un fruit d'hiver, en raison de ce qu'il ne mûrit jamais sur l'arbre, est toujours cueilli avant d'être mûr. Une poire d'été ou d'automne peut avoir été cueillie trop tôt au point de se dessécher sous ses rides sans rester en défaut de manifester ce qu'elle est. Ses bonnes qualités se développent pendant sa maturation lente dans la fruiterie. Son ligneux se fond en gélatine, et son aigre se résout en suc. En été, cela peut se faire en une place chaude et éclairée par le soleil, même par les rayons directs du soleil. En hiver, l'endroit doit être à l'abri de la gelée et un peu obscur. On ne doit pas vouloir accélérer la maturation ; on ne doit aussi rien faire pour la retarder, car l'une et l'autre tentative la ferait manquer. Les sortes d'été peuvent être cueillies douze à quinze jours avant leur maturité ; nous avons dit qu'elles ne pouvaient l'être de moins de dix à douze jours. Elles ont peu de chose à faire pour leur graine, et sur l'arbre leur passage du trop au peu mûres est rapide. En fruiterie, l'interruption de croissance l'arrête quelque temps et imprime une direction différente à sa marche. Les sortes d'automne ne doivent pas être cueillies plus de dix à douze jours avant leur maturité, à cause que les progrès plus lents de la maturation sur l'arbre doivent moins faire craindre qu'elle soit prête à s'outre-passer. La poire mûrie sur l'arbre est le plus détestable des fruits. La pomme d'été ne doit être cueillie que deux ou trois jours avant d'être mûre ; plus de bonne heure, elle serait aigre ; laissée plus longtemps sur l'arbre, elle serait farineuse. Les pommes d'automne ne demandent pas aussi d'être cueillies beaucoup avant leur maturité. Celles d'hiver sont naturellement cueillies avant d'être mûres, puisque leur maturité sur l'arbre est interrompue par la saison. On remarquera que les règles que j'établis ont leur principale application au poirier. Une poire de fin automne (sur la fin) mûrit plus vite et mieux étant posée sur un plancher dans une place éclairée par le soleil et sous une table, un banc, une chaise, qui met obstacle au renouvellement par ascension droite de l'air qui repose sur le fruit. L'air stagnant conserve sa chaleur, tandis que celui librement se déplaçant perd la sienne. Ce qui est en dehors de la verticale tirée des bords à l'ascension ne participe pas du bénéfice. Il y a plus d'une poire qui a besoin de mûrir hâtivement pour jouir de toutes les qualités qu'elle possède; le bezy de Chaumontet est dans ce cas. Mûri comme il vient d'être dit, c'est parmi les poires l'une des plus délicates et qui, différant de mûrir jusqu'à la saison froide, ne mûrit plus et devient amère. Des taches de mousse s'établissent sur sa peau et des points noirs se distribuent dans sa chair. Cet effet arrive à beaucoup d'autres poires et encore sur l'arbre, ou déjà cueillies, lorsque subitement un temps froid survient. La pastorale, la merveille-d'hiver, le passe-colmar au mur, la grande-bretagne partout, le doyenné (ces taches sont différentes de celles qui le rendent galeux; celles-ci lui donnent du doux, les autres, de l'amer), le St-Germain au mur, la fondante de Brest sont du nombre. La sève du fruit devenue stagnante s'extravase et se corrompt tant dans la chair que dans la peau. Cette corruption donne vie à d'autres êtres. N'est-ce pas d'un froid brusque que naît le ver du fruit? Le ferment prête au fruit tout ce qu'il faut pour lui donner naissance. C'est pourquoi une bonne muturation du fruit demande qu'on le garantisse des vicissitudes de la température. Une cave sèche et où l'air est stagnant, remplit le mieux cette condition. La maturation consiste dans un procédé qu'on ne doit pas plus vouloir avancer que retarder. La chaleur et le froid lui sont également contraires. On ne juge souvent mal d'une poire tardive que parce qu'on n'a pas employé les moyens de la faire mûrir convenablement, et on condamne à la suppression ce qui est le plus digne de conservation. Les poires précoces d'automne, et les tardives d'été, ont aussi à gagner dans une place où transitoirement le soleil les éclaire.

(a) Une poire pour être bonne dans le sens que je donne au terme bon, doit être fondante ou beurrée et sapide, et du goût de tout le monde ; on doit la manger avec le même plaisir, après comme avant d'avoir mangé d'autres bons fruits, et que la greffe la laisse toujours la même, et que la saison ne la change pas. Qui ne croit pas à cette perfection ne connaît pas la sorte de poire que je nomme bonne ; le manque d'une seule de ces qualités l'abaisserait au rang des médiocres, et de ce rang à celui des mauvaises, il n'y a pas un grand chemin à faire.

Pour être bonne une pomme ne peut pas être douce seulement ; sa saveur doit réunir l'aigrelet, le doux et le vineux, qui ensemble forment le sapide ; sa chair doit être tendre et faire ce qu'on nomme évacuer la bouche, et avoir du parfum.

Une pêche doit être comme j'ai dit que sont nos pêches de dernière procréation : elle doit être la reine des fruits. L'abricot doit à l'extrême doux joindre le fondant prononcé ou le cassant impérissable, et avoir le parfum d'abricot. Le musc et le pâteux sont pour ce fruit le plus grand des vices. La prune comme l'abricot doit être fondante ou cassante et surtout sapide, son parfum peut varier. Des modèles en genre opposé sont la reine-Claude et la prune d'octobre. L'espèce doit subir la réforme ; le pareil de ce qui existe est presque immédiatement obtenu. La cerise offre quelques modèles de perfection, mais que cependant toutes les créations nouvelles surpassent. Les sortes fondantes doivent être sans chair ; celles cassantes doivent avoir la chair tendre ; toutes doivent avoir une suffisance de suc que le doux prédomine, même dans celles où l'aigrelet est le plus abondant.

(b) Les fruits de Mons que j'ai cités ne comptent pas moins de trois quarts de siècle d'existence. Mons a gagné depuis des égaux et des différents, je n'ose pas dire des supérieurs de ceux-ci. On ne saurait dire des fruits de Mons qu'ils peuvent être améliorés, ils sont aussi parfaits que possible. L'objet que

(a) P. 175, 176. — (b) P. 198, 199.

désormais on peut avoir en vue est de gagner des pareils en
qualité, mais des différents en forme et en saveur.

(a) Quand les sortes de poires commencent à devenir anciennes, que leur rapport diminue, que leur eau s'affadit, que leur
parfum se perd, on les réfugie sur des pieds contenans, et lorsque le mal est extrême, on place au mur les greffes portées par
ces pieds. Il ne s'agit ici que des poires qui en valent la peine.
Le mur est la dernière ressource à employer. Si là un reste de
secours n'est pas trouvé, il est inutile de le chercher ailleurs.
La meilleure construction d'un mur à l'égard des souffrances,
et aussi des tard-mûrissans, est celle faite en briques rouges,
et pour avoir des hâtivement mûres, en briques noires. On y
joint les briques par un mortier capable de tenir les clous. La
brique rouge rend tous les services désirables; elle réfléchit
le rayon rouge et retient pour s'en échauffer tous les autres
rayons. Il y a là précisément en chaleur ce qu'il faut dans les
circonstances ordinaires. La brique présente en outre l'avantage de garder longtemps la chaleur dont elle s'est pénétrée.
La brique noire, en vertu de sa nuance bleuâtre, absorbe la
totalité des rayons hors le peu du rayon bleu, à la réflexion
duquel elle doit sa nuance bleue. Celle-là s'échauffe intensément. Le noir, qui prend le plus de lumière et en renvoie le
moins, doit le plus futilement la perdre. Le rapprochement
des particules par masse de matière augmente la faculté de
rayonner. L'ensemble est moins disloqué et la presse est davantage augmentée. Cependant, un charbon s'échauffe plus fortement par la lumière absorbée que par de la chaleur commu-
niquée. Après que l'arbre est garni de feuilles, la couleur du
mur ne lui procure plus de chaleur; ce sont alors les rayons
le moins réfrangibles de la lumière bleue, et ceux le plus
réfrangibles de la lumière jaune qui sont réfléchis; tous les
autres sont absorbés et servent à décomposer l'eau. Peu sont
transformés en chaleur, s'il y en a qui le soient, car une source
de chaleur pour la feuille se trouve dans la combinaison que
l'hydrogène de l'eau contraste avec l'aide carbonique. Le vert
résulte du bleu avec le jaune. Ce mélange est stable comme
venant de lumière qu'une égale réfrangibilité fait coïncider.

(a) P. 360, 361, 362.

La couleur du mur n'est pas cependant sans bénéfice, car sa partie découverte, s'échauffant davantage que les feuilles, fournit de la chaleur à la partie que les feuilles recouvrent. S'il était blanc, il serait plus froid et emprunterait de la chaleur à cette partie; le mur en deviendrait moins secourable pour l'arbre. Le blanc, outre qu'il laisse le mur froid, réfléchit la lumière et devient pour le promeneur un hôte très-incommode. Le mur noir est pour le raisin et la poire tardifs. Il convient à l'abricot et à la cerise plantés pour primeurs. La pomme n'est pas élevée au mur, elle y manquerait son éducation; elle y perdrait en quantité et en volume. Les sortes qui, sans être vieilles, ont des défauts, tels qu'un manque d'eau, de suc et de volume, s'y corrigent de ces défauts et souvent d'une manière incroyable. Le sucré et le fondant qui préexistent s'y perdent; les mêmes qui doivent être formés s'y forment. Les fruits mi-tendres, avec eau fade et sans volume, ne sont souvent pas placés au mur; on ne les en juge pas dignes. Ce sont cependant les seuls qui s'y bonifient. Je citerai un fait qui, à force d'être frappant, parle pour tous les autres; c'est la Beauchamp qu'il concerne. La Beauchamp est une poire d'âge moyen, de volume ordinaire, très-fondante, très-fade et mal odorante. Cultivée au mur, elle y double de volume, conserve son fondant, acquiert du parfum et se remplit de suc. Elle m'a été présentée à deux reprises en cet état sans que j'aie pu la reconnaître, ni à sa forme, ni à sa saveur.

(a) Pour les poires, le point de maturité ne peut être saisi que par des essais répétés. Pour les autres fruits, des signes extérieurs, un changement dans la coloration, un aspect qu'on sait mieux saisir que définir, une approche de mollesse qu'on aperçoit et que le tact confirme. On ne doit jamais appuyer aucun doigt sur une pêche en la tâtant, ni avec deux ou trois doigts (leur empreinte les rend imprésentables); on doit se servir de la main entière: ce n'est pas le toucher, mais la vue, le tact qui doivent décider de la maturité parfaite d'un fruit aussi délicat. La pêche gagne de la transparence, l'abricot de la couleur, le jaune perce des prunes vertes et blanchâtres, et l'uniformité se déclare dans la coloration des autres couleurs.

(a) P. 368, 369, 370.

La pomme est aussi difficile à être reconnue dans son point de maturité que la poire. Les jaunissans sur l'arbre peuvent l'avoir dépassé comme ne pas l'avoir atteint ; peu de pommes mûrissent vertes. L'odorat est le meilleur sens pour juger celles qui sont précoces ; les tardives n'ont pas besoin d'être jugées, on les laisse sur l'arbre jusqu'en octobre. Les très-tardives, celles de bonne garde, quelle que soit la forme qu'elles affectent, sont douces ; il y a peu d'exceptions. Elles n'ont pas encore disparu lorsque déjà celles d'été paraissent. Elles iraient moins loin, si elles provenaient de greffes sur franc, et encore bien moins loin, si le pied de cette greffe était le paradis. Je ne sais où irait la reinette franche et quelques autres sortes, si elles étaient portées par greffe sur franc.

Les pieds contenans, et un pied quelconque, font mûrir plus tôt. Les poires nouvelles, dont l'extrême tardivité ne change pas après deux ou trois rapports, n'ont qu'à être greffées sur franc pour être moins tardives. Je parle des poires tardives si opiniâtres que le fruit disparaît sans avoir été mûr, et celles qui vont d'un été à l'autre.

Les phases de la lune réagissent en des sens opposés sur la quantité et sur la durée des fruits cueillis pendant que respectivement elles règnent. Celui cueilli pendant le décroît gagne en durée, mais perd en bonté ; celui cueilli pendant le croît gagne en bonté, mais perd en durée ; une poire, une pomme qui tombent au décroît, ont une contusion sèche et dont la plaie occulte ne s'étend pas ; celles qui au croît se détachent de l'arbre, étendent leur blessure et forment une escarre de gangrène. Ces fruits sont parlans et répondent d'avance à ce qu'on voudrait leur opposer. Le fruit cueilli au croît de la lune se tient moins longtemps ; il est en revanche plus fondant ; celui descendu de l'arbre au décroît de la lune est de meilleure garde, mais il est plus cassant. Quand on veut connaître tout ce qu'un jeune fruit renferme de bon, on le cueille pendant que la lune croît ; et, quand on veut connaître sa durée, on le cueille après la pleine lune. La poire est difficile à interroger sur l'époque de sa maturité à cause que cette époque n'embrasse pas moins d'une année entière ; le temps d'en jouir n'est pas un instant interrompu ; il commence en juin, et n'a pas encore fini en juin. Mon colmar va deux ans, et les derniers mûrissans de la pastorale d'une année se rencontrent avec les premiers mûrissans de l'autre année.

(a) On peut avancer la cueillette d'une pêche de trois jours, donc elle doit en passer deux dans une place chaude, et un à la cave. Les deux premiers jours pour mûrir au complet, le dernier jour pour se refroidir. Les jours de chaleur y développent du sucré gélatineux et de l'arome vineux. Le fruit est très-froid à la bouche ; d'abord à cause de son séjour à la cave, et ensuite par l'effet du froid qu'excite la fonte de sa chair. Le suc et l'arome seraient mal élaborés dans une place fraîche, et l'eau qui n'aurait pas été liquide ne se prendrait pas en gelée. Si ce n'était la contusion, la pêche ne perdrait rien à se cueillir elle-même, surtout celle au vent. Les signes de sa proche maturité sont la pellucidité de sa chair (fine), et la teinte verdâtre de sa peau. La cueillette du brugnon doit être avancée de deux jours, dont un passé à la cave. Il peut néanmoins mûrir sur pied ; on gagne à l'un qu'il soit moins doux, à l'autre qu'il soit plus doux. Le brugnon de semis répété n'a plus de fibre. La cueillette de l'abricot au vent serait la mieux confiée aux soins de son fruit, si la chute ne le blessait pas. C'est cependant le seul moyen à employer pour ses pieds à haute-tige. Il est alors immédiatement consommable. Il n'attend pas pour faire chute qu'il ait molli sur l'arbre ; mollir pour lui c'est pourrir. La prune est traitée comme le brugnon. On doit un peu l'interroger sur ce qu'elle désire, lorsqu'elle est de provenance en taille (gagnée nouvellement).

Quand une poire ne peut pas mûrir par elle-même, on vient à son secours par le feu ; la maturation spontanée appelle à son aide la chaleur de la température, celle qui est répandue dans l'air. L'air ajoute pour nourrir le procédé de la maturation l'échauffement qui résulte de son principe de l'eau, qui avec un principe du même liquide dans l'air, se régénère en eau. Dans un air froid le fruit mûrit lentement, et, sous exclusion d'air, il ne peut pas mûrir du tout. L'eau qui est formée reste au profit du suc, et le coproduit de sa formation se dégage dans l'air. Le fruit se débarrasse de son

(a) P. 368, 369, 370, 371, 372, 373, 374, 375.

principe d'acide qui est aussi le principe de sa consistance
solide. En même temps il se fait une combinaison des parties
composées d'eau et de suc; le fruit devient tendre et doux.
C'est de cette manière qu'il mûrit naturellement; le feu se
fait artificiellement. Beaucoup de chaleur fait de suite ce que
peu de chaleur ne peut faire qu'à la longue, le degré doit
surpasser celui de l'eau qui bout; au-dessous de ce degré et
à sec, le fruit, qui est sous l'influence du ferment, pourrit au
lieu de cuire. Il ne pourrirait pas si, à ce degré, il était
plongé dans l'eau, à cause qu'il serait garanti de l'air. Son
dessèchement à sec, en lui ôtant de son principe de maturation, qui devient plus tard principe de putréfaction, le rend
de garde: ce sont les fruits secs. Beaucoup de poires, en pour-
rissant, se résolvent en suc doux et en pâte molle. Ce suc,
étant recueilli sans que la pâte soit déplacée, peut être cuit
en sirop. Les poires congelées se résolvent la plupart en un
pareil suc et en fibre noire. Du charbon voisin de la désorga-
nisation est laissé libre. Ce suc peut également être cuit en
sirop. Les bonnes à cuire sont toutes d'arrière-hiver; on doit
les cuire mi-vertes. La cuisson est une maturation. Ce que la
dernière a fait ne reste plus à faire à la première et, sans
action, il n'y a pas de bonification. Une poire cuite par la
maturation n'a plus besoin de l'être par le feu; en d'autres
termes : une poire mûre, bonne à manger, ne doit pas aller
au feu, elle ne peut qu'y perdre. Le même effet ne peut pas
être produit deux fois, lorsqu'il y a changement de nature.

DIALOGUE

ENTRE M. VAN MONS ET MOI.

TRAITÉ COMPLET DU POIRIER SUR FRANC.

MANIÈRE DE L'ÉLEVER, DE LE GREFFER, DE LE DRESSER EN PYRAMIDE, EN ESPALIER, SA TAILLE, DE SES RACINES ET DE SES PIVOTS.

D. *Voudriez-vous, monsieur, m'expliquer comment on se procure des poiriers sur franc, et comment on doit les traiter pour l'usage des jardins?*

R. Toutes les poires, hors celles de coing, fournissent les pepins que nous semons pour avoir des sujets à greffer, que nous disons, à juste titre, francs de pied ou francs.

(a) Les suffisamment grands peuvent de suite être greffés par copulation et sur genou, cela fait les plus beaux pieds, les pieds les plus sains et les mieux venus; mais à la vente on a de la peine à les faire passer pour des pieds greffés, tellement la trace de la greffe s'est bien effacée. En pénurie de sujets, les pieds spontanés peuvent également servir. J'entends par pieds spontanés ceux qui lèvent naturellement sans aucune graine dans les bois ou ailleurs; ce dont on pourra s'assurer par l'inspection des racines des sujets que nous disons spontanés. Aux pieds spontanés on ne trouve que des racines traçantes, tandis qu'aux pieds semés il faut pincer le pivot en les transplantant la deuxième année pour les changer de leur lieu de naissance; on peut même avec avantage les transplanter

(a) P. 5.

une deuxième fois avant de les greffer pour bien diriger leurs racines, ce qui est le contraire du cognassier qui perd à être transplanté.

Le poirier, qui est le plus avantageusement greffé par copulation et sur sujet de bonne heure levé de terre, doit, sur pied en place, être opéré avant la fin de février. (a) Sa végétation devance celle du pommier, et sa greffe doit occuper le bas du sujet. On doit de préférence copuler le poirier. La lésion est incomparablement moindre et la consolidation de la plaie est si prompte et si parfaite qu'à la troisième année il n'en reste plus de vestige. L'écusson est une méthode de retard pour le poirier sur franc; il ne doit être adopté que pour des pieds malingres et êtres entrepris avec des sortes fraîches de naissance. Les greffes de poirier et de pommier (b) pour être placées sur franc ne peuvent être levées sur des sujets portés par le cognassier ou le paradis. Les greffes du poirier donnent des pousses maladives, et celles du pommier des pousses qui périssent. Elles ne relèvent pas de l'abaissememnt où la continence les a fait descendre. La graine récoltée de poirier, vivant sur cognassier, imprime à son plan une débilité de vie dont la greffe d'une sorte récente peut seule le faire revenir. La greffe d'une pareille sorte emporte dans sa croissance vigoureuse le sujet le plus chétif et le revêt de tout l'éclat de sa santé. Il n'y a, en revanche, pas de sujet assez vigoureux pour ne pas tomber en langueur, étant contraint à porter la greffe d'une variété vieille ou celle d'une récente devenue malade par la réaction d'un pied contenant, ou par l'invasion d'une cause spontanée de souffrance. Rien ne démontre mieux combien le pied est dominé par la greffe, ni combien la greffe est indépendante du pied...

(c) Tous les arbres fruitiers destinés au rapport doivent recevoir une forme, hors ceux qu'on laisse établir en arbres à tête et les autres qu'on abandonne à leur volonté propre dans la pépinière de recherche où ils sont plantés en proche voisinage, et encore, ceux-ci et les autres reçoivent une première façon. Les uns sont montés sur tige unique jusqu'à l'élévation où on puisse les laisser s'établir à tige subdivisée,

(a) P. 23. — (b) P. 30. — (c) P. 38.

sur laquelle se fait leur rapport. (*a*) Les arbres à tête sont
favorisés à prendre plutôt cette forme en supprimant à élévation donnée leur pousse du centre. La plupart des espèces
prennent nativement cette forme, les unes plus tôt, les autres
plus tard, quand on ne les astreint pas à en prendre un autre.
Elles la prennent sans qu'on soit obligé de les y contraindre.
La tige devient colatérale, ou les latérales deviennent cotiges,
(cotiges ou plusieurs tiges). La forme consiste en tiges multiples ou en latérales ayant pris la place et le caractère de la
tige subdivisée. Cette forte division maintient un équilibre
parfait entre les différentes parties de l'arbre, et la subdivision favorise le rapport. Les terminaisons des bras se subdi-
visent en bois secondaire ou immédiatement latéral, lequel
bois se subdivise également en latérales multiples, et ces latérales poussent encore du bois tertiare sous-latérales. Tout le
bois est court, et, comme tel, disposé à fruit. Cette forme ne
demande pas d'être entretenue ; la taille ne pourrait qu'en
troubler l'harmonie. L'arbre prend lui-même soin d'une forme
qui est de son choix et de son goût ; toute autre serait pour lui
une contrainte à laquelle il s'efforcerait de se soustraire. Voilà
la description du poirier à tête, ou, si l'on veut, au vent.

(*b*) Je n'ai cité que deux formes pour l'espalier et trois pour
l'arbre au vent. Celles pour le premier sont la palmette à bras
horizontaux, ou la pyramide appliquée sur un appui. Cette
forme est adaptable à toutes les espèces pour peu qu'on ait
de l'aptitude à l'établir et de l'adresse à la maintenir. C'est
l'unique pour l'espalier-poirier. Son gouvernement doit con-
sister à ne pas laisser dominer le haut sur le bas et à contenir
par le palissage ce qui menace de s'emporter. On lie obliquement ou parallèlement aux bras tout ce qui se dresse. On
abaisse, au besoin, sous l'horizon les prolongements des bras.
Si le bas s'affaiblit, on relève son bout, et on le rabaisse jusqu'à sa première direction, dès que l'équilibre est rétabli.
Les liens sont les seules armes contre ses écarts. La seconde
forme pour l'espalier est l'éventail. C'est une sorte de subdivision de centrale, une centrale multiple qui part de points
rapprochés. Dans l'essence, c'est un arbre à tête appliqué sur

(*a*) P. 39 — (*b*) P. 43.

un appui (un mur ou des pieux). Dans le choix de cette forme on doit considérer le mode de végétation, de la variété, autant que de l'espèce; elle est loin d'être généralement applicable. Les sortes à bois court sont les seules qui s'y prêtent.

(a) Ce qui gâte la forme et ruine la santé des arbres fruitiers conduits en espalier, quelle qu'en soit l'espèce et la forme, est la taille répétée qu'on leur fait subir. Cette taille met la confusion dans le bois et rend l'arbre une seconde fois malade, comme si ce n'était pas assez qu'il le fût une première fois. (b) Les yeux qui devaient dormir encore un an s'éveillent, et les pousses, par anticipation, qui en résultent, restent en retard de s'aoûter (passer par les deux sèves), du pareil bois ne peut plus en produire jamais qui soit exempt de souffrance. On en agit ainsi pour dompter l'impétuosité de la sève, comme si pour parvenir à ce but on n'avait à la main la ressource mille fois plus efficace du palissage. Une seule taille exercée en temps opportun et, pour l'abricotier, le poirier, le pommier, le prunier et le cerisier avant le solstice d'hiver, et pour le pêcher, crainte de provoquer la frisure après la nouure du fruit, doit suffire aux besoins de contenance et de subdivisions d'un arbre fruitier d'espèce quelconque et élevé sous une forme quelconque; une seconde taille gâterait l'ouvrage de la première. Pour les espaliers le palissage doit faire le reste. Rien de plus ne s'offre à faire pour les arbres au vent (une seule taille suffit).

(a) P. 44. — (b) P. 45.

Taille de l'espalier à bras horizontaux, les branches dans la direction des tas de briques. Le poirier n'a qu'une seule tige, c'est elle qu'on abaisse ou qu'on taille jusqu'au 3e ou 5e œil.

Le poirier en espalier demande pour toute taille d'être une fois par an abaissé dans le prolongemement de sa tige jusqu'au 3e ou 5e œil, suivant la vigueur du pied et la hauteur de l'appui. L'œil impair continue la tige, les yeux pairs fournissent deux ou quatre bras; on les dirige horizontalement et parallèlement aux autres bras. Les bras sont prolongés sans jamais être rapprochés, c'est-à-dire, on ne peut raccourcir aucune pousse de la dernière année; il faut lier la branche entière sur le mur sans y toucher. La taille faite jusqu'au 3e ou 5e œil sur la tige fournit le bois nécessaire pour garnir le mur. On doit bien se garder d'en approcher la serpette. Les bouts qui n'avancent pas à l'égal des autres doivent être relevés de quelques tas au-dessus de l'horizon, et ceux qui devanceraient les autres doivent être abaissés sous l'horizon (a). C'est ici l'inverse du bourgeon faible. L'exemption de taille est la condition de son maintien en rapport par tous les yeux garnissant la branche qui constitue le bras à mesure que ces yeux sont élaborés à fruit. Sur le support (la queue) des fruits poussent d'autres yeux qui la seconde année fleurissent et ainsi de suite aussi longtemps que l'arbre vit. La direction

(a) P. 45, 46.

horizontale sans interruption empêche que les yeux s'élaborent à bois. Laissez toujours courir vos bourgeons de l'année en les attachant au mur comme va le tas de briques, voilà l'horizon et la règle.

L'exemption de taille est si rigoureuse que même à la replantation du pied formé on s'abstient de l'exercer, et alors pas même sur sa centrale (l'extrême bout, la branche la plus élevée de l'arbre), dont l'œil terminal doit à lui seul assurer la reprise.

L'espalier étant un arbre de l'art on ne peut en rien l'exempter de son régime. Une branche qui se détache de l'appui et se porte en avant, une autre qui s'affranchit de ses liens et pend en inclinaison vers le sol, suffisent pour mettre obstacle à ce que l'arbre se mette à fruit. Il doit être arbre de l'art en tout ou arbre de l'art en rien. Si, contre toute attente, une branche éclatait sur l'un des bras, il faudrait à l'instant même l'abaisser et l'attacher au bras. La conservation en droiture entraînerait la forme à sa perte. Il faut donc l'attacher sous l'horizon pendant sa guérison. Vous liez à une personne le bras pour la saigner, le bras se gonfle par le reflux du sang, parce que son passage est obstrué, intercepté, vous taillez une seconde fois vos arbres fruitiers, vous laissez briser vos branches au lieu de les palisser, je vous demande si vous ne faites pas refluer la sève des branches, coupées ou mutilées dans le corps de vos arbres, parce que le passage du sang est intercepté par la pression que fait au bras cette ligature ; cette personne ne conserve-t-elle pas tout son sang ? Un arbre d'espèce quelconque dont vous ne faites que taillader, estropier les branches, soit en hiver, soit en été, a-t-il perdu quelque puissance de sa sève ? certes non, ne faut-il pas que cette sève, dont vous avez obstrué le passage en tout brisant, continue de se répandre dans votre arbre, ne faut-il pas qu'elle fasse irruption partout où elle peut ? il en résulte que beaucoup de crochets, qui s'élaboraient tranquillement à fruit, s'allongent et avortent à bois; que vous n'avez que des repousses partout, parce que vous avez tracassé, dérangé, insulté même la nature dans sa marche naturelle. Je demande pardon aux personnes instruites d'avoir fait cette digression dans la comparaison de la physiologie animale et végétale.

Je porte le défi à toute la Belgique entière qu'aucun élève de Van Mons (j'en suis un, j'ai eu l'honneur de faire la connaissance de cet homme distingué en janvier 1842), ne peut montrer et n'a vu de plus beaux espaliers que les miens. J'en offre la preuve, mes jardins sont à Écaussinnes-d'Enghien, près Braine-le-Comte, et toujours ouverts aux amateurs que je reçois toujours avec plaisir. L'indépendance, l'amour de mon pays, exigent de moi cette franchise, et non cette jactance qu'on pourrait à tort me supposer.

Encouragé par mes succès continuels dans la taille, j'ai transplanté en novembre 1839 trois poiriers-espaliers sans couper aucune branche; ils sont larges de 15 à 20 pieds, hauts de 12, m'ont donné du fruit et amplement deux fois. Un des trois m'en a donné la même année. J'ai aussi transplanté un cerisier de même force, il m'a donné plus d'un kilo de cerises la première année; je viens encore de le transplanter dans un autre jardin, il couvre un mur de pignon; je garantis sa reprise, tant il est bien en racines. J'ai planté chez mes parents, en France, des pommiers portés par quatre hommes, et ici des poiriers portés par six hommes, toujours même réussite. C'est incroyable, c'est faux! dira-t-on; j'en offre la preuve pour l'honneur de Van Mons et le mien, je dirai plus: le mur de mon premier jardin a 12 pieds, Hainaut (trois mètres 52 centimètres d'élévation), les poiriers le couvrent comme un vrai tapis; j'en ai qui ont trente pieds au moins d'envergure, quoique mon jardin ait été planté en 1833. Fatigué des ravages de la plupart des bûcherons, qui osent se dire jardiniers, je mets à la portée de tout le monde l'ouvrage de monsieur Van Mons à qui je dois ce que je sais, ce que j'ai fait et tout uniment pour obliger mon pays.

(a) Les trois formes pour l'arbre au vent sont la quenouille, la pyramide et l'arbre à tête. On élève la quenouille à basse tige, à mi-tige et à haute tige. (b) Il est avantageux que son pied soit contenant (sur cognassier), à raison de la direction droite du bois, cette forme doit être surveillée dans ses écarts et faire l'objet d'une attention suivie. On ne peut cependant pas plus qu'à une autre forme lui appliquer une seconde taille; une

(a) P. 49. — (b) P. 51.

faite en hiver pour toutes les sortes possibles, et sans en excepter le pêcher, doit être d'abaissement sur bourgeon inférieur, lequel, lorsqu'il y a choix, doit être pris le plus rapproché de la tige. On le laisse entier, ce qui fait une différence notable avec les autres tailles, où ce bourgeon est raccourci. Ce n'est que dans le cas où sur la quenouille ce bourgeon soit unique qu'il doit également être raccourci, afin de faire que le départ de ses yeux latéraux fournisse du bois inférieur pour la taille suivante. Ce raccourcissement du bourgeon doit nécessairement être fait dans le principe de la formation de l'arbre, et être continué sur le bois de son prolongement central. Rapprocher le bois de la tige et le contenir, trace la règle à suivre. Le rapport se fait dans l'intérieur; le fruit n'en est que plus gros et meilleur à cause qu'il a plus de temps à se faire. Son immersion dans un air humide et sa soustraction au grand jour lui procurent ce surcroît de valeur. Les variétés, dont le bois manifeste une tendance à l'inclinaison, peuvent encore aussi bien être formées en quenouille qu'en pyramide. Les bois droits sont difficiles à dompter sous cette forme. Plusieurs des principes appropriés à la pyramide sont applicables à la quenouille. Il est avantageux, ne fût-ce que dans le principe, de détourner les branches de la direction verticale en les projetant latéralement vers la droite ou la gauche, toutes vers le même côté. La direction simule la vis sans fin. Cette courbure latérale rallentit le cours de la sève et fait que son bois est moins enclin à s'emporter. Le rapport est aussi plus riche. La vis sans fin est un remède infaillible pour la mise à fruit, mais il y a des règles à observer, les voici : pour peu que vous gêniez le mouvement de la sève du bois droit, c'est assez, mais en spirale; si vous voulez poser les branches horizontalement, vous aurez de arcures, c'est-à-dire des branches qui naitront sur le dos des branches trop baissées. Quand on fait la vis sans fin on doit se représenter un escalier tournant et avoir la précaution de mettre les branches un peu plus haut que l'horizon, surtout le bout, pour gêner assez et pas trop la sève dans son mouvement presque circulaire. Si elle était trop gênée, la sève ferait avorter vos crochets à fruit. Aussitôt que ces branches se mettent à fruit, ce qui arrive toujours par le rallentissement de la sève, on peut les lâcher, parce que le fruit empêche ou diminue la pousse à bois. Il faut relever le bois pleureur, c'est la gêne de la sève dans son mouvement qui empêche la pousse à bois, dont elle facilite la mise à fruit.

(a) On trouve figuré dans *Kenrick's américan Orchardist*, 1835, une quenouille dont le bois est pendant. On dirait à l'inspection de la figure qu'il l'est nativement, mais ses branches sont entraînées vers le bas et tenues en position par des liens. Cette forme est un demi-arc; son inclinaison est provoquée par l'art et résulte de la position forcée en mi-arcure. Les sortes pleureuses, le miel d'hiver, ma nouvelle-cire, la pomme pleureuse, les cerises à bois pendant pourraient être élevées sous cette forme et la prendraient naturellement. Les autres sortes ne sauraient y être maintenues, et leur fruit y perdrait beaucoup au lieu de gagner quelque chose à cette forte inclinaison des branches. Étant native, cette forme ne serait donc que gracieuse; étant artificielle, elle deviendrait bientôt difforme, car sur le dos des arcures s'élèveraient des droites qui, étant récépées, mettraient la confusion dans le bois. C'est une mitigation de l'arcure qu'on a voulu essayer; la méthode vient d'Angleterre. Plus on force une forme, plus on a de peine à l'établir et plus encore à la maintenir. Toute forme dans laquelle il y a rupture d'équilibre dans la direction des branches est une forme fausse et qu'aucun effort ne peut faire réussir, car le bois plus droit dominera toujours sur le bois plus incliné. Celui entièrement droit dominerait moins sur le plus incliné que le demi-droit. Les directions sortiraient moins des lois de la nature. La nature du sol doit mettre son avis en balance lorsqu'on voudra décider de la forme à prendre à un arbre. Il y a des terrains développans et des terrains contenans (qui poussent fort, qui poussent peu), comme il y a des pieds développans et des pieds contenans. On sent aisément que dans les deux terrains on ne doit favoriser aucune de ces deux tendances. Dans une terre superficielle le poirier doit être dressé en pyramide, parce qu'elle exige une couche végétale riche et épaisse. Je parle ici d'arbre au vent. La pyramide demande de pouvoir étendre ses bras en largeur;

(a) P. 52, 53, 54, 55, 56, 57, 58.

elle ne veut pas être contenue dans le prolongement de son bois latéral. Cette exigence est au profit jusques de la place occupée, car le bois laissé sans taille s'avance lentement. Comme sous cette forme les racines se dirigent ras sol, si la variété est ancienne, les bonnes années l'arbre dépose une partie de ses maux. La pyramide bien dressée et entretenue sous sa forme propre par la ligature en direction horizontale de tout bois qui menace de se lever, doit être l'arbre des grands jardins.

Taille de la pyramide.

———

(α) La forme pyramidale est donnée à un arbre en taillant son bois latéral dans un sens qui lui fasse prendre une direction horizontale ; c'est-à-dire, l'œil doit être laissé en dessous de la branche qu'on raccourcit et laisser deux lignes de bois jusqu'à l'œil pour faciliter l'inclinaison de la branche dans le prolongement horizontal qu'on exige d'elle. On doit donner dans tout le temps de l'avantage au bas sur le haut, lequel avantage consiste à contenir le haut plus que le bas. Cette contenance fait l'équilibre de la forme. Une taille exercée sur le bas sans être exercée sur le haut rompt pour toujours l'harmonie de l'arbre. Le bois non dompté par la taille prend de l'empire sur celui qui est dompté par ce moyen, et reste toujours son maître. Les directions horizontales doivent devenir moins rigoureuses pour le bas et plus rigoureuses pour le haut, à mesure que l'arbre avance en âge. La direction moins horizontale fortifie, celle plus horizontale affaiblit. Or, c'est de la force que demande le bas. Le mouvement de la sève se faisant plus facilement du bas en haut, il est clair que le haut est favorisé ; d'ailleurs les branches du bas, mises comme elles sont le long du montant, sont presque en dehors de la circulation de la sève. Le bois taillé reste menu. Celui laissé sans taille grossit. L'année de la taille est une année perdue pour

(1) P. 54, 55, 56, 57, 58.

le grossissement d'un arbre. C'est le bas qui doit prendre de la vigueur; le haut doit rester faible. Pour atteindre ce but on ne doit toutefois pas le ravaler jusqu'au vieux bois: ce serait la plus grande des fautes, car le sommet deviendrait fructifère et, si ensuite on voulait continuer l'élévation, cette partie présenterait une couche vide; on doit tailler ici sur des bourgeons de l'année comme partout ailleurs où il n'y a pas de réhabillement à faire ou des méprises de taille à réparer. On les ravale jusqu'au redressement de la courbure et on asseoit la taille sur un œil du dehors, sur un latéral, si autrement ne se peut, et jamais sur un tourné vers la tige, lequel partirait en pousse parallèle à la tige, se fortifierait outre mesure et ne présenterait pas de courbure pour la taille suivante. L'œil du dehors, en se relevant, forme cette courbure et se dirige initialement dans le sens horizontal. Le bourgeon du centre est chaque année rapproché jusqu'au cinquième ou septième œil suivant la vigueur de l'arbre; le nombre doit toujours être impair, un pour continuer le centre et quatre ou six pour le bois latéral. On commence la taille par le haut pour ne pas oublier le bas, l'oubli de celle sur le bas tirerait bien moins à conséquence. C'est faute d'avoir sous la main une échelle assez haute que l'oubli se commet. Lorsque la variété est de nature à trop rapprocher ses yeux, on extirpe de bonne heure sur le prolongement de la tige un œil entre les deux ou les yeux qui alternativement et en opposition garnissent la tige, cela vaut mieux que de devoir supprimer leur pousse. Une distribution égale du bois est extrêmement essentielle pour cette forme. Si, contre toute attente, un bourgeon se dressait sur une latérale, on le coucherait à l'instant sur celle-ci et on l'y retiendrait par un lien. Le rapport se fait sur du bois qui prend de lui-même une direction horizontale. Il reste court à cause de cette direction et aussi à cause de sa nature, car il est évidemment destiné à rapporter. On le conserve partout où il pousse, et aussi sur la tige et le bourgeon continuateur de la tige que sur le bois latéral. L'arbre rapporte aussi, et bien principalement, sur lambourdes qui paraissent sur le bois latéral, sur les branches de deux ans de ce bois et sur la tige. Le bourgeon du sommet les pousserait si on ne l'abaissait pas. On les respecte quelle que soit la place

qu'elles occupent. Les variétés récentes sont très-disposées
au rapport par l'œil terminal des bourgeons de l'année. On
respecte également le mode de donner fruit. Une pyramide
ne craint pas la charge en fruit; elle y trouve un moyen pour
la conservation de sa forme. La chose la plus mal avisée que
l'on puisse faire est de laisser à un arbre destiné au rapport
prendre l'habitude de donner du bois. C'est cependant ce que
dans tous les livres on conseille de faire. Si quelques suppressions sur tige sont à faire à un arbre dressé en pyramide,
on doit, pour les faire, saisir la seconde année après la replantation et lorsque l'arbre a bien repris; c'est le moment de
donner à l'arbre une dernière façon et de l'établir sous sa
forme définitive. Lorsqu'une taille d'exhaussement de la tige
est à faire, on prend soin de ne supprimer aucune des branchettes que le départ d'yeux oblitérés a fait pousser plus bas
que l'exhaussement à faire. A leur défaut on se contente, en
attendant qu'il en parte, de rapprocher la branche à supprimer jusqu'au sous-bois de la branche le plus rapproché de
la tige. C'est le moyen d'éviter le chancre de la sève répandue.
Les variétés, dont le bois est pendant, ne peuvent être dres-
sées en pyramide régulière; on doit les laisser se former en
faux-à-tête. Celles qui portent le bois droit ne se prêtent également qu'à contre gré à cette forme. Ce sont les bois obliques
qui l'accueillent avec le plus de faveur; les bois nativement
horizontaux n'existent point, du moins avec permanence.
Tous sont ou relevés sur l'horizon, ou abaissés sous l'horizon.
Ceux-ci forment le petit nombre, en espèce poirier, et c'est à
cette espèce que je fais allusion dans cet article, les bois
pendans rapportent tard et peu. Le relèvement de leur bois
en direction horizontale en hâte le rapport et le rend abondant. Cette direction ne peut être obtenue que par le palissage
et sur espalier, sur arbre au vent; elle est éventuelle et ne fait
rien pour le rapport. Le relèvement du bois pendant fait pour
le rapport ce que fait l'abaissement du bois dressé. Dans l'un
et l'autre cas la sève est détournée de son cours naturel. La
gêne et le retardement qui en résultent déterminent le rapport anticipé. Une précaution qu'on ne peut négliger lors de
la replantation d'un arbre à élever en pyramide, est de tailler
ses racines en direction parallèle au sol et de n'en laisser

aucune se diriger sous l'horizon. Ce bois suit la direction des racines et réciproquement les racines règlent leur direction d'après celle du bois. La même précaution est de rigueur lorsqu'on plante une palmette (espalier) à bras horizontaux, parce que ses racines prennent la direction des branches et ne pénètrent pas dans la couche de mauvaise terre. Il faut en outre ne lui laisser aucune racine en avant, et l'obliger à n'avoir que des racines qui vont comme le mur ou l'appui. On élève la pyramide sur moyenne et haute tige, pas sur basse tige. Avec le temps, la pyramide déserte plus ou moins de sa forme primitive. On ne doit pas vouloir l'y ramener, on augmenterait le mal au lieu de le corriger. On doit continuer le même régime pour le bois terminal du centre et de la circonférence.

J'ai toujours remarqué que dans les terrains, qu'on avait profondément bouleversés, les racines de tous les végétaux traçaient avec plus d'aisance et donnaient aux feuilles un vert plus foncé, ce qui m'a fait défoncer le sol de mes jardins à trois pieds de profondeur, étant un remblai pour en extraire les pierres. Qui le croira? mes arbres fruitiers méritent d'être vus, non-seulement pour la forme, mais aussi pour l'activité de leur végétation.

Dans un sol de deuxième et troisième classe et à base glaiseuse, dont la couche superficielle est toujours mince, si l'on ne la défonce jusqu'à trois pieds de profondeur pour enlever la glaise qu'on doit remplacer par une terre de bonne qualité, il est inutile d'y planter des arbres fruitiers; la végétation sera toujours lente ou nulle, la mousse et les chancres détruiront tout. Dans cette terre lourde, compacte, le gros sable, les cendres de charbon, les pierrailles, les briques écrasées, le tout mélangé change la nature du sol : c'est la terre du fond qui doit revenir à la surface pour la fumer assez afin de la rendre productive; par ce moyen ce sous-sol s'enrichira par l'infusion des engrais mis à la surface.

Dans les terres sablonneuses il faut les défoncer jusqu'à trois pieds, en jetant la terre au travers d'une treille en osier pour rendre le sable le plus fin possible. Plus il sera fin, plus il sera humide; c'est l'humidité jointe à la chaleur qui produit la végétation. Quand les molécules d'une terre sont bien divisées et profondément, il n'y a pas d'adhérence (de parfaite union) dans le sol, d'où il résulte que le soleil perd à la surface une partie de son action. Mettez au feu une barre de fer, la chaleur se communiquera tout le long, parce qu'il y a continuité; plus votre sol sera défoncé et plus les molécules fines, moins le soleil y pénétrera, parce qu'il est parfaitement divisé, parce qu'il n'est pas compacte, parce que les molécules ne sont pas adhérentes.

Transplantation des arbres à rester en place.

(*a*) Un pied de greffe qui a quelque temps séjourné en pépinière doit en être extrait pour être planté à demeure. Un plus long séjour parmi ses pareils lui deviendrait nuisible, il y a de plus, et sous tous les rapports, de l'avantage à ce qu'il soit transplanté jeune. Le façonnement du bois et des racines se prêtent mieux à toutes les formes que l'arbre doit prendre, et on peut asseoir la taille sur du bois et sur des racines qui ne sont pas encore dégarnis. Je ne dirai pas comment un arbre doit être levé de terre. Le principal est que ses racines ne soient pas déchirées ni leur écorce blessée. On évite cette déchirure et cette écorchure en différant de soulever l'arbre jusqu'à ce que la totalité de ses racines soit interrompue ou détachée; je ne conseille pas de planter à demeure un arbre dans le même jardin où il a vécu quelque temps en pépinière, et je recommande fortement de ne pas en planter un quelconque à la même place où son pareil en espèce a péri de mort naturelle, c'est-à-dire, de mort par maladie. Il n'y aurait pour son successeur aucun espoir de vrai salut, quand même on changerait la terre à une grande profondeur et à une grande largeur.

On doit établir l'arbre transplanté sur racines régulières comme sur branches régulières. Les unes comme les autres

(*a*) P. 67.

doivent, autant que possible, suivre la même direction. Leur
longueur doit être correspondante, à la différence près que
les racines peuvent être plus courtes que le bois. Le rapprochement doit être inversement proportionnel à la force.
En d'autres termes : les fortes, les longues branches exigent
de courtes racines, mais à tout il y a mesure. L'arbre a toujours les racines assez longues pour s'asseoir dessus. (a) Plus
elles seront courtes, plus la reprise sera assurée et plus elle
sera belle. Les avantages sont les mêmes que pour l'arbre fortement raccourci dans son bois. Ce précepte dit que les racines
grêles doivent être à peu près supprimées et le chevelu entièrement retranché. Les racines sont trop faibles pour conserver
la position qu'on leur donne et pour ne pas faire confusion.
Une racine ne se place pas dans le sol comme une branche dans
l'air. En fait de direction droite il n'y a que les racines de pousse
nouvelle qui la prennent exactement et qui en prennent une
qui soit en rapport avec la forme qu'on donne à l'arbre. Une racine longue sort d'activité sans sortir de vie. Elle n'avance pas
et ne se subdivise pas. Une branche laissée longue subit le
même sort. En sol propice et qui a longtemps reposé, les
mêmes inconvénients de la taille longue du bois et des racines sont moins à craindre. La force impulsive de pareil sol
se rend victorieuse de l'inertie que cause la taille longue. On
gagne alors que l'arbre se met plus tôt à fruit. Aucune racine
ne peut se croiser ni se toucher, ce qui doit également être
ainsi pour les branches. L'inégale longueur ne nuit pas, la
plus courte gagne bientôt la plus longue. Cette inégale longueur est inévitable à cause de l'inégale force qui nécessite
un raccourcissement inégal.

La taille sur racines est la même pour toutes les formes des
arbres fruitiers. Toutes doivent être établies sur racines
neuves, prenant des directions presque parallèles au sol. Ces
directions sont plus ou moins abandonnées et suivent les directions qu'on laisse prendre au bois ou qu'il prend de sa
nature ; elles le sont suivant la fertilité et la stérilité du sol.
Dans un sol stérile il faut bien que la racine plonge pour aller
à la recherche de la nourriture ; elle plonge encore, les années

(a) P. 68, 69, 70.

de sécheresse, pour rencontrer une couche humide ; les années
d'humidité elle trace, au contraire, ras sol ; mais tout cela est
fait par des racines grêles, et d'autant plus grêles qu'elles sont
plus longues, et qui, à moins d'être mises en rapport avec du bois
droit et fort, ne peuvent, outre mesure, ni s'allonger, ni grossir.
L'espalier présente pour la taille sur racines l'exception que
celles en regard de l'appui ou du mur doivent être entièrement
retranchées. Les déplantations sont toutes faites le mieux
avant l'hiver. La différence est notable et surtout pour la
bonne reprise. En cas d'empêchement de replanter avant
l'hiver on lève de terre et on couche en jauche (les racines
dans un petit fossé). C'est ainsi qu'on interrompt la végétation
antérieurement à sa reprise, laquelle a lieu au solstice. Les
arbres sur franc gagnent à être replantés ; ceux sur pied étranger, le poirier sur cognassier surtout, y perdent.

Si vous plantez tard après l'hiver, posez bien vos racines en
les séparant avec de la terre très-fine et bien sèche ; quand
vous en aurez mis trois ou quatre pouces sur les racines
versez un sceau d'eau sur ces racines ; l'eau entraîne la terre
partout, les racines sont emmaillotées, à condition que vous
ne remplirez le trou qu'un peu à la fois, à mesure que les
racines embourbées pourront supporter le poids. C'est l'af-
faire de deux heures au plus, mais sans tasser la terre. J'ai
planté ainsi à Écaussinnes des pieds en feuilles et sans voir
aucune feuille se faner, quoiqu'il faisait du soleil. Si vous
comblez le trou avant de mettre l'eau, votre sujet est très-
exposé à périr. Une autre précaution est aussi presque de
rigueur : il faut se procurer de la terre riche, presque ter-
reau, pour en envelopper les racines et en mettre quelques
pouces d'épaisseur outre des racines pour leur servir de nourriture quand elles s'allongeront. Un enfant qui ne trouve pas
de lait dans le sein de sa mère, de sa nourrice, ne doit-il pas
languir et périr d'inanition ? comparez les deux règnes, animal
et végétal ; fumez assez, pas trop, vous aurez de beaux arbres
et du beau fruit.

On agit avec prévoyance en élevant une butte de terre
autour de l'arbre planté à demeure ; celui en espalier en est
garanti des forts froids qui surviennent après un hiver tempéré, et celui en plein vent sera préservé des mêmes froids,

et, en outre, d'être renversé par les forts vents. La butte doit être démontée aussitôt après la reprise. Cette butte procure de plus l'avantage que la terre s'affaisse sous son poids et se plombe mieux. Un premier plombage, l'affermissement de la terre autour des racines, doit être fait par le revers de la main.

Si, quand arrive la gelée, vous avez sous la main un arbre de moyenne grandeur que vous desirez transplanter, vous lui laissez autant de terre qu'on peut porter, mais en cône, en forme d'une livre de beurre qu'on porte au marché; vous devez mettre la déplantation au point que deux ou trois coups de bêche suffisent le lendemain pour pouvoir le transporter; alors vous mettez quelques litres d'eau sur la terre que vous avez laissée autour du poirier, en arrosant la circonférence. Vous faites de suite le trou pour le recevoir, que vous garantissez de la gelée. Vous sentez que cet arbre ainsi transplanté souffre bien moins que de la manière ordinaire. J'ai toujours gagné plus d'un an; j'ai même obtenu de beaux fruits.

Taille.

—

On ne peut donner une forme à un arbre sans lui enlever du bois, et cet enlèvement se fait par la taille. Certaines formes n'ont besoin que d'un premier façonnement, non compris les tailles sur jeunes pieds comme prédisposantes à toutes les formes, et celles que nécessite la greffe après que le pied est greffé. Toutes les tailles, hors celles qui ont pour but le rapprochement du centre et le remplissage des vides, se font sur bourgeon de l'année. Toute taille doit être faite avant le solstice d'hiver et peut être entreprise peu de temps après la chute des feuilles. (*a*) La taille d'arbre en sève, avec l'intention de lui enlever sa surabondance de sève, est une taille de destruction : elle arrête tout, détourne tout et fait partir ce qui aurait dû reposer.

(*b*) La taille sur arbre à demeure est commandée par le besoin de rapprocher le bois de la tige afin de prévenir la formation de vides, de subdiviser les branches, d'avoir du bois sous-latéral et d'empêcher les racines pivotantes de naître. Toute branche d'un arbre portant son bois droit qui n'est pas rapprochée (raccourcie) s'allonge à l'infini, monte parallèlement à la tige et s'empresse de gagner le haut de l'arbre. L'intérieur se dégarnit, et si quelques fruits paraissent le long de ces branches, c'est tardivement et sont diminués de trois

(*a*) P. 71. — (*b*) P. 77, 78.

6

quarts dans leur volume et réduits à rien dans leur valeur. La taille a la réputation d'améliorer le fruit, de le faire grossir et de le rendre plus juteux. Le volume n'est pas ce qui l'améliore; il le détériore plutôt, car les gros volumes, loin d'être plus sapides, sont plus fades que les moyens. La perfection du fruit dépend d'être porté par du bois propre au rapport. Ce bois ne se trouve bien certainement pas sur les arbres qu'on fatigue par la taille. La taille des arbres fruitiers en place, comme celle des mêmes arbres en pépinière, doit, comme il a été dit, se faire en vue de rapprocher le bois du centre afin d'empêcher celui-ci d'être dégarni. La taille par laquelle on atteint ce but de la manière la plus sûre consiste à réduire le bourgeon de l'année qui prolonge, soit le centre, soit les côtés, au tiers, à la moitié ou aux deux tiers de sa longueur, suivant la force de l'arbre. On allonge à la taille dans le rapport de la force. On ne taille que sur bois de l'année, si ce n'est pour abaisser sur pareil bois les bourgeons de pousse multiple (en forme de bouquet) placés plus bas, et alors on emporte rase naissance de ce bourgeon. On ne rapproche pas plus d'un bourgeon sur la même branche latérale ou subdivision de branche latérale. Cette taille a pour résultat de faire pousser des branches à fruit avec lesquelles se met en correspondance la subdivision des racines. Le bois grêle et celui incliné doivent rester exempts de taille. Les directions perpendiculaires (bourgeons très-droits que l'arbre n'a pas l'habitude de porter dans sa marche naturelle) doivent être abaissées et liées dès leur apparition à cause des racines pivotantes dont elles provoquent la pousse, et qui font prendre à l'arbre une tendance à pousser du bois droit. Cette taille est pour les arbres en pyramide ou en quenouille.

(a) La quenouille est de rigueur sur cognassier dont on contient facilement le bois par la taille; elle est arrondie comme une quenouille et n'a que trois ou quatre mètres de hauteur, étant très-sujette au renversement, quoique avec tuteur, parce que souvent il est pourri dans la terre et, dans cet état, ne peut aider sa quenouille à supporter les bourrasques.

(a) P. 79.

La pyramide, sur franc, s'élance comme un poirier, un pommier, font dans les vergers. Elle exige la liberté de ses membres pour vous donner beaucoup de fruit ; si vous la tenez courte dans sa taille, le bois repullule ; la sève refoulée avec trop de force fait pivoter les racines, et ces pivots à leur tour poussent du bois indomptable et des gourmands.

Un homme d'une rare intelligence a planté des poiriers sur cognassier dans son jardin à Soignies ; ils périrent tous. Il a interrogé son terrain en y plantant des poiriers sur franc, qu'il a plantés et déplantés plusieurs fois. L'action de déplanter souvent lui a procuré beaucoup de petites racines ; ses poiriers sont hauts, serrés et très-productifs. Cet homme, d'une haute capacité, c'est M. Fauvel.

A plusieurs de mes amis qui avaient des pyramides sur franc, toujours tailladées par une taille peu allongée ne donnant presque pas de fruit, on voulait même les regreffer ; j'ai conseillé de ne plus les tailler du tout. Le croira-t-on ? il en est qui ont donné deux sacs de poires en 1840. J'en offre la preuve. Près de ma maison il y a des pyramides toujours tailladées à la hauteur de la double échelle, mais la tête intacte et au vent. Il y a presque tous les ans une ample récolte de poires là où n'a pu arriver cet instrument meurtrier, quand on ne connaît pas le cas et la manière de s'en servir. Plusieurs de mes amis à Écaussines n'avaient jamais de fruit, aujourd'hui en ont abondamment et disent publiquement qu'ils me le doivent. Je leur réponds, toujours avec ma franchise ordinaire, que c'est à monsieur Van Mons, pas à moi.

(a) Pour bien tailler un arbre, on doit connaître la manière dont il rapporte son fruit. Le fruit étant le but de la taille et la jouissance du propriétaire, c'est la première chose qu'on doit envisager dans ce qu'on fait. La graciole et beaucoup d'espèces nouvelles n'allonge plus leur bois à la seconde sève, mais le bouton ou l'œil du haut s'élabore à fruit. L'œil le plus voisin du fruit part et allonge le bourgeon qui, à la seconde sève, est toujours élaboré à fruit. Il est rare que l'œil terminal ne soit pas élaboré à fruit. Un de mes beaux-frères a dû faire regreffer un poirier greffé en graciole, son jardinier

(a) P. 82.

n'en connaissait pas la taille. Fixez bien votre arbre, sa manière de donner fruit, vous en aurez.

(a) Le poirier reste à former et à élaborer ses yeux à fruit plus ou moins de temps, les sortes nouvelles à les former, les anciennes aussi à les élaborer. La formation, plus hâtive ou plus tardive, dépend de la place où les yeux se mettent et du caractère des branches qui les portent. Le temps est proportionné à la vigueur ou à l'épuisement de l'espèce, et aussi au caractère particulier de la sorte, et à la nature du sujet sur lequel il vit; puis à l'espèce de terrain que l'arbre occupe et au traitement bon ou mauvais qu'il a subi, enfin à la forme sous laquelle il est conduit. Il rapporte sur toute sorte de bois depuis le bourgeon de l'année, central et latéral, le plus fort, jusqu'à la lambourde que fait partir du tronc un œil depuis longtemps oblitéré. Entre les deux se trouvent les branches à fruit pendantes qui partent aussi d'yeux oblitérés et qui font leur premier rapport par œil du bout; les lambourdes, qui sont également le produit d'yeux restés en repos, sur les sortes récentes, naissent des yeux placés autour et au-dessous des épines; puis sur yeux le long des bourgeons de l'année et sur pareils yeux, s'avançant en lambourdes, de l'année précédente, le bourgeon n'ayant pas été rapproché à cause d'un peu d'inclinaison. L'espalier en palmette fait son premier rapport par yeux de trois ans; le second et les suivans par yeux de deux ans. L'essai au rapport un an de plus, l'exercice au rapport un an de moins. Les divers rapports sont continués par yeux qui se placent autour et au-dessous, et même au-dessus de l'appendice charnue fausse ou vraie (la queue) et se succèdent à l'infini jusqu'à ce qu'une taille mal faite, une perte de branches par accident ou autre cause, les ait fait changer de nature. Le poirier se renouvelle de ces branches comme de tout autre bois. Un œil encore à feuille, qui, l'année après, aurait été à fruit, s'avance de la lambourde et forme un fort bourgeon. On voit donc bien que ce n'est que le ménagement à la taille qui l'aurait fait rester ce qu'il était.

(b) Le fruit par œil de plus d'un an naît là où la pousse ne

(a) P. 86, 87. — (b) P. 92, 93, 94.

fait plus de progrès, s'arrête, étant courte, et se forme à fleur : empêchez ses progrès et vous aurez du fruit. Il se fait au point de repos une concentration de sève qui tourne au bien du fruit. L'engorgement que cause la presse produit l'effet. Les moyens pour y parvenir sont divers, et d'abord la nature les trouve dans l'abandon du bois à ses volontés propres. Ce bois, laissé sans taille, s'allonge moins et s'épaissit davantage. Le moyen de tenir le bois menu est de tailler beaucoup. Je parle des arbres dont le bois naissant des tailles ne jouit pas plus de liberté que le restant des branches. Sur les espaliers où le restant est incliné pour le palissage, la force en longueur et épaisseur serait pour le bois né de la taille. Un moyen à la disposition de l'art serait de faire éclater du bois qui par sa position est empêché de devenir long ; l'explosion est obtenue par une taille raisonnable. On opère sur des yeux latéralement placés qu'une taille longue fait ouvrir en branches courtes, et qu'une taille courte ferait partir en bois long ; l'inclinaison procurée au bois par la taille ou le palissage est un autre moyen. L'exemple de ce qu'il peut est donné par les espaliers à bras horizontaux. Le bois avance peu et ses haltes tournent au profit des yeux latéralement placés. Le pli de la branche, au point d'insertion, ralentit le cours de la sève que l'œil terminal, entré en repos, ne peut conduire plus loin, reflue vers les yeux latéraux, et produit sur eux le même effet. Ils avancent peu ou ne font aucun progrès, et dans ce dernier cas, ils se forment en œil à feuille. Le bois qui n'avance pas ne forme pas toujours un pareil œil ; il est souvent immédiatement à fleur. Un tel œil se fait compter pour sève de seconde année, la sève de seconde saison (seconde sève) dont il maîtrise l'impulsion. La sève de première saison l'avait élaboré en œil à feuille ; tout œil terminal est ainsi formé. Cet œil à fleur a donc aussi eu ses deux sèves. Un œil terminal, qui à la seconde sève n'a pas fait halte, n'est jamais à fleur, et les yeux latéraux d'un bourgeon, qui à la seconde sève n'a pas continué sa pousse, change de caractère et devient bois de seconde année, qui, comme tel, fleurit. Sa nature ne dévie donc pas de sa marche ordinaire lorsqu'en un an elle termine ce qui habituellement reste deux ans à être terminé.

La déplantation, la suppression des fortes racines, l'arbre

restant en place, l'annélation, l'arcure, ne produisent d'autre
effet que de ralentir les progrès en allongement de la pousse.
Cela fait voir combien, pour les espèces dont l'œil à fleur
passe par la filière de l'œil à feuille, il est important de ne
pas mettre obstacle à ce que l'œil entre en repos n'y persiste,
et à ce que la seconde séve ne reste paralysée dans son action.
La seconde séve, empêchée de partir, dispose bien plus à fruit
que la première, et c'est précisément celle-là qu'on détourne
de sa destination. Un œil à fleur sur bois de l'année, nécessairement formé de seconde séve, réussira sans être accompagné d'un œil à pousse ou d'un à feuille, là où l'œil des
deux séves manquera sans cet accompagnement. On voit partout et en tout combien les feuilles sont utiles aux diverses
besognes de l'arbre, et on ne sait comment faire pour le
priver assez tôt de leur secours. La feuille est l'organe où la
plante s'organise et où s'élaborent toutes ses productions.

(a) Faire naître des boutons qui ne s'avancent pas, faute de
force suffisante pour le faire, faire rester sans s'avancer des
boutons déjà nés et les obliger de rester à l'état d'œil à feuille
tels que la dernière pousse les a faits, est donc le moyen
d'avoir du fruit. Quand l'œil reste plus d'un an à se former à
fleur, il s'épanouit à feuille jusqu'à ce que son élaboration à
fleur soit achevée. Ce retard dépend de ce que l'afflux de la
séve est insuffisant pour la terminer plus tôt. Cela arrive aux
branches placées à l'écart et hors du mouvement direct de la
séve, et à celles dont l'écorce ridée met obstacle à la trans-
mission libre de celle-ci. Nous avons dit que l'interruption de
la pousse après la première séve la faisait se former immédiatement à fruit par la seconde séve; cela n'arrive pas toujours. On voit aisément que la pousse à bois d'une séve est le
produit d'un œil à feuille qui s'ouvre à bois. Un œil formé à
fleur ne s'épanouit plus à bois, et tout œil à fleur commence
par être œil à feuille. C'est un passage qui ne peut être franchi
et pas même sur bourgeon de l'année où également une feuille
accompagne l'œil et où l'œil est de seconde séve. Les yeux des
espèces, dont la fleur se forme en un an, sont aussi établis à
feuilles.

(a) P. 95.

(*a*) Le gourmand parti d'un arbre incliné fait aussi un nouvel arbre. Du bois latéral gros, quoique horizontal et court, est dit faire un arbre sur un arbre. Ce bois qu'on pourrait croire hors de circulation, et qui est une sorte de chicot, exerce néanmoins une dépression sur la branche, qui dure aussi longtemps que le chicot subsiste; on doit l'amputer rase écorce. On doit en faire autant de tout bois latéral qui à sa naissance prend en grosseur le dessus sur son pareil, aucune taille ne peut le dompter dans sa tendance à grossir.

Il est de rigueur pour bien tailler un arbre d'en bien fixer le bois : 1° du bois latéral gros, horizontal et court empêche le bourgeon de s'allonger égal aux autres; 2° la branche l'a-mincit, parce qu'elle souffre de cette espèce de gourmand en forme de clou très-fort; 3° la pousse du bout devient si faible qu'elle ne pousse plus du tout et s'arrête à fruit. Il faut toujours fixer le bois de la dernière pousse et s'assurer que le bout du bourgeon, l'extrême bout, soit plus fort, plus allongé que les autres bourgeons d'en dessous. C'est ici la faute la plus commune de tous nos tailleurs d'arbres fruitiers, car une branche latérale qui, à sa naissance, l'emporte en grosseur sur sa pareille, *ou celle d'en haut*, doit être amputée sans pitié et rase écorce. Si vous la conservez, la branche s'amincit dans *son bout*, périt, et vous avez un gourmand intraitable que vous couperez plus tard, parce qu'il s'élancera au-dessus des autres branches et défigurera votre arbre. Fixez donc l'extrémité de votre branche, son vrai bout, et sacrifiez sans pitié tout bourgeon latéral qui domine et l'emporte en gros-seur, à sa naissance sur le vrai bout. Cette règle est pour tous les arbres en général, fruitiers et autres; enfin, je ne saurais assez le recommander, c'est là la clef, ou le vrai A B C de l'art.

Il n'est pas bon d'appliquer du mastic résineux sur les plaies de la section (coupées, faites) des branches ou de la tige; mais bien une composition d'argile et autre terre, qui soit perméable à l'humidité. Les plaies ont de l'eau à trans-mettre à l'air et ne peuvent le faire à travers le mastic im-perméable. Le bout de la branche qui dépasse l'œil ne pouvant

(*a*) P. 96. 97.

se dessécher, son écorce se décolle et la séve se répand vers
le bas où elle cause un chancre plus ou moins étendu. C'est
parce que l'onglet laissé aux tailles de la vigne se dessèche
pendant l'hiver, que la vigne taillée en cette saison ne pleure
pas. Les greffes sur sujet en séve périclitent aussi moins lorsqu'on les couvre en poupée plutôt qu'au mastic.

De la fertilité et de la stérilité d'un arbre à fruit.

(*a*) L'arbre entre en rapport et y persévère si, par des causes
d'interruption artificielles, on ne lui en fait pas perdre l'habitude, car le fruit procrée du fruit. Le rapport entretient la
faiblesse qui fait rapporter. En espèce créée, ce qui se sent
périr s'empresse de se reproduire, et, pour les arbres fruitiers,
le moyen de reproduction est la mise à fruit. La stérilité et le
faible rapport sont souvent causés par l'épuisement, et alors ce
sont des vices de la nature. Je dois dire ici que je fume mes
poiriers sur franc au mur, et mes poiriers sur cognassier
presque partout. Mes plates-bandes le long des murs ont huit
pieds de largeur; leurs racines sont placées d'après les principes de M. Van Mons; si une branche, domptée par le palissage, continue de s'emporter, j'ai recours au dépivotage.
Je conserve les pivots pour instruire les fréquens visiteurs qui
admirent mes arbres et ma manière. C'est presque tuer un
jeune arbre dans sa mise à fruit que de ne pas l'aider à
pousser du bois. Voilà pourquoi je fume bien mes picots sur
cognassier, qui me donnent du fruit et du bois. Je blâme tout
le monde qui ne fume pas assez les pieds sur cognassier lors
de leur mise à fruit. Fumez-les donc assez, vous aurez les
deux, du fruit et du bois. Je connais beaucoup de ces poiriers,
jeunes, qu'on n'a pas fumés, et chargés de fruit, tout est arrêté à fruit, la tête comme le reste.

(*a*) P. 98, 99, 100, 101, 102, 103, 104.

La chaleur du sol et le soleil du mur peuvent quelque temps en arrêter les progrès, mais ne sauraient faire revenir du mal. Chaque espèce et plus ou moins chaque variété d'espèce, a, sous une forme donnée, son âge de rapport, et l'arbre qui à cet âge ne donne pas du fruit, est un arbre qui a été maltraité par l'art, ou dont la variété est devenue impuissante à force d'être vieille. Il n'y a pas de milieu entre les deux. Il peut à la plantation avoir été laissé sur pivot, sur racines pivotantes avec ou sans pivot, ou avoir pivoté. On peut avoir négligé de contenir par le rapprochement ses forts bourgeons et avoir laissé échapper l'occasion de l'établir sur bois divisé qui procure la subdivision des racines; on peut avoir maintenu l'arbre sur branches à bois par des tailles trop courtes, trop rapprochées. L'arbre peut être enclin de lui-même à porter son bois droit et à pousser des bourgeons forts; enfin, il peut de sa nature être pleureur. Ce sont là autant de causes pour qu'un arbre ne rapporte pas ou se mette tardivement à fruit. C'est principalement le poirier qui a besoin d'assistance pour en temps et lieu se mettre en rapport.

Un de mes espaliers sur franc (je n'en ai pas d'autres) a laissé périr son fruit deux ans de suite; je l'ai fumé avant l'hiver et après avec l'urine pure de mes chevaux; il a porté d'excellent fruit cette année. J'en offre encore la preuve testimoniale ou oculaire, les queues sont là.

La replantation est un moyen sûr lorsque l'âge du pied permet de l'employer ou qu'on peut changer de terrain. On rapproche (on raccourcit) les racines et le bois, et on supprime les directions inclinées des racines, parce qu'elles tendent à pivoter, et les directions relevées du bois, qui pourraient provoquer de nouveaux pivots. Un moyen qui se rapproche de celui-ci est de fouiller aux pieds et d'aller à la recherche des racines pivotantes avec l'intention de les supprimer. J'en ai trouvé sept au même arbre à cinq pieds de distance du sujet. Je dépivote souvent; la beauté de mes arbres, leur supériorité sur ceux de mes voisins, n'importe de quel rang, me dédommage amplement sans mettre en compte les branches que je sauve, qui s'emporteraient toujours à bois, poussées par les pivots.

Il est de notoriété publique à Écaussinnes-d'Enghien que

j'ai fait dépivoter des poiriers très-vieux qui ne donnaient jamais ou presque pas de fruit; qu'ils en donnent abondamment et qu'on m'en offre pour me remercier. Il en est de même des pyramides sur franc qu'on ne taille plus du tout, d'après les principes dont je donne ici l'analyse. Tout le monde ici sait que je taille pour obliger, aussi j'ai de la besogne qui m'amuse beaucoup. J'ose avancer que sans connaître le rapport qu'il y a entre les branches et les racines, on ne saurait avoir de beaux arbres fruitiers. Le bois maigre d'un côté de l'arbre, des branches droites à leur naissance et excessivement plus grosses que les autres, démesurément plus longues, et des feuilles toujours vertes à leur extrémité, sont des signes caractéristiques qui accusent le ravage des pivots qu'on doit chercher et trouver à diverse distance du sujet, si on veut remédier à un mal peu connu, quoiqu'il soit le fléau des arbres fruitiers.

On supprime les pivots à la courbure d'où ils partent pour se plonger droit dans le sol. Si un arbre avait beaucoup de ses racines pivotantes, il faut les couper très-profondes et leur donner une position horizontale après en avoir taillé les bouts en bec de flûte. On ne taille pas sur le bois l'année de cette opération. La souffrance qu'introduit cette rupture d'équilibre entre les racines et le bois qui, faute de taille, ne peut s'avancer ni ainsi faire pousser de nouvelles racines, procure le rapport. Le bois n'avance que peu, et beaucoup d'yeux sont élaborés à fleur. Une fois entré en rapport, l'arbre n'en sortira plus. En temps propre et à la saison prochaine on fait une taille ordinaire, mais que cette fois on doit établir sur bois de deux ans, l'arbre n'en ayant pas poussé qui soit d'un an. On doit au bas de la branche de deux ans chercher l'œil qui a fait le moins de progrès sur la voie de son établissement en œil à fruit, et en faire l'œil de renouvellement de la branche. On ne doit épargner aucun bourgeon de cet âge par la considération que ses yeux latéraux ou son œil central (l'œil le plus élevé) seraient à fruit. Le bois que l'arbre poussera sera divisé et court, et les racines qui se développeront en correspondance avec ce bois seront elles-mêmes divisées et courtes. L'arbre réunira toutes les conditions d'un riche et constant rapport. Pour le maintenir sur bois divisé et racines nombreuses on

pourra, tous les deux ans, lui appliquer une taille de raccourcissement sur bourgeons, et cela jusqu'à ce que l'âge et la fatigue
du rapport ne lui permettent plus de pousser du bois long. Alors
on l'exempte de taille faute de bois sur lequel on puisse tailler.

L'arbre débile peut rapporter lorsque la taille est faite avec
discernement. L'arbre se fortifie par les nouvelles racines que
la taille l'oblige à pousser. L'arbre emporté trouve également
dans une taille appliquée à propos et toujours ménagée (longue)
un moyen de rapport en ce que son bois se divise et se met
en relation avec ses racines divisées. La taille sur arbre vigoureux force à la pousse de bois court et de racines grêles. Cette
taille, étant outrée (trop courte), produit l'effet contraire de
ce qu'on en attend; elle devient de mutilation, fait pousser
du bois plus long et plus droit que celui qu'on supprime, et
fait répondre à ce bois long et droit des racines longues se
plongeant droit dans le sol. La taille doit se borner, quelle que
soit l'espèce, à un raccourcissement des bourgeons de l'année.
Lorsque les bourgeons sont multiples, on abaisse la taille sur
le plus bas placé et on raccourcit celui-là. Lorsque la variété
est pleureuse, il est inutile de tailler dessus. C'est parmi les
arbres d'espèce pleureuse qu'on rencontre les tard marquans
et les tard rapportans. On serait disposé à croire le contraire,
étant connu que les directions inclinées provoquent au rapport. Cela est ainsi lorsque ces directions sont forcément
données par l'art, non lorsqu'elles sont l'ouvrage de la nature.
Le bois de la nature est grêle et ne s'incline que faute de
pouvoir se maintenir droit, mais la sève s'y meut librement,
tandis que dans le bois détourné de sa direction native, le
mouvement de la sève se fait avec gêne. Il en résulte que le
bois de pousse latérale est court ou nul. La pousse qui ne peut
se former à bois se dispose à fruit, et les yeux restés en défaut
de départ sont immédiatement à fleur. La taille sur nativement pleureurs doit se circonscrire à une d'éclaircissage.

C'est ici la place de la taille d'un arbre replanté d'un an
avec tout bois. On doit le tailler exactement comme un arbre
dépivoté il y a un an, le tailler cette fois sur bois de deux
ans et sur le bas de la branche. Choisir l'œil le moins avancé
à fruit, comme on vient de voir, c'est la seule règle à suivre,
elle est générale pour nos arbres fruitiers.

Je ne parlerai pas des nombreuses mutilations par lesquelles
on prétend forcer un arbre au rapport. Telle est entre autres
l'arcure des branches; on ruine l'arbre dans sa forme et sa
santé. Lorsqu'il est vigoureux il pousse sur le dos de l'arc des
bourgeons forts qui s'élancent droit dans l'air et dont, dans
la suite, on ne sait quoi faire. Les enlever par la taille est le
faire repousser avec plus de force et se multiplier. En attendant, la branche languit, s'amincit et finit par périr. Le
bénéfice auquel tant d'inconvéniens conduisent est de cueillir
des fruits mesquins, verreux, si l'espèce est pomme, et, en
outre, graveleux et gercés, si elle est poire.

L'annélation, quoique étant mutilation aussi, produit de
certains effets. On peut, sans inconvéniens, faire disparaître les
traces du mal qu'elle a produit. On la pratique sur une branche
mal placée et qu'indépendamment de l'opération on aurait été
disposé à supprimer. Elle fait entrer en rapport la branche
qui, dans le plus grand rapprochement pour l'élévation, lui
est diamétralement opposée sur la tige. Cette première mise à
fruit fait prendre à l'arbre l'habitude du rapport. La branche
opérée donne quelquefois un fruit, mais sans valeur. Cette
branche, ou consolide promptement sa plaie et alors s'emporte et devance ses voisins en grosseur et longueur, ou pousse
près du bourrelet du bas plusieurs autres branches perçant
du bois. Dans les deux cas, on s'empresse de les supprimer.
Un cas peut néanmoins se présenter où il est utile de la conserver, c'est celui où le pied malade par la méchanceté du
sol perd successivement son bois par la gangrène. On établit
un tel arbre sur sa seule branche annélée (annélée, annélation, action de faire un anneau), qui est bien la plus forte et
souvent la seule saine. On aura le plaisir de voir le pied
réformé à neuf.

(a) La greffe d'une sorte récente rapporte la seconde année
lorsqu'on l'exempte de taille, et dans la suite son rapport devient si riche et si constant que les plus grosses branches se
rompent par le poids du fruit. Les variétés, que l'âge accable,
ont deux manières de tomber en ruine: ou elles poussent
encore quelque temps en bois, mais ne donnent plus de fruit,

(a) P. 105, 107, 108, 109.

alors elles éprouvent seulement la décrepitude du rapport ; ou elles rapportent encore, mais ne poussent plus que du bois malade.

Il nous est souvent arrivé de cueillir au dehors une greffe ou un écusson et de le placer sur des arbres faits et en rapport. Si le franc, qui avait porté la greffe ou l'écusson, était d'âge à rapporter deux ou trois ans après selon l'espèce, nous avions du fruit ; devait-il rester encore longtemps à marquer, nous restions le même temps à en avoir. On peut différer, retarder le rapport, mais on ne peut le hâter

Le rapport des deux fois l'an se fait sur bois de seconde sève. Un bourgeon fait porter par cette sève l'œil à feuille qu'il avait formé à son bout, et la pousse de cet œil, avançant peu, fleurit et rapporte. Le nombre des deux fois l'an s'accroît à mesure que nous faisons des progrès sur la voie du perfectionnement, et ce sont les variétés les plus fines qui montrent cette force extraordinaire de se reproduire...

Un arbre défolié par les chenilles fleurit une seconde fois la même année, les yeux qui donnent des fleurs sont de formation actuelle et n'ont rien de commun avec un œil des deux fois l'an.

(a) Les amputations de branches fortes qu'on fait rase tige aux arbres en sève, provoquent le chancre ; la sève en mouvement vers la branche ne pouvant passer outre, se répand sous l'épiderme de l'écorce et y détermine la manifestation d'un chancre actuel, ou y dépose le germe d'un chancre futur. Une étendue plus ou moins grande d'écorce au-dessous du rameau amputé devient le siège du mal. Ces amputations doivent être faites depuis la chute des feuilles jusqu'au solstice d'hiver, et encore est-il prudent de laisser un chicot de branche qu'on ampute la saison suivante. Quand on ne laisse pas de chicot, on doit amputer rase écorce ; on fait bien d'enlever aux bords de la plaie un cercle d'épiderme d'une ligne ou deux de largeur, le recouvrement s'en fait beaucoup plus vite... On se trouve bien de faire sous la plaie une incision longitudinale (en longueur) et qui pénètre jusqu'au bois. Un autre moment propice aux amputations sur tige est le solstice

(a) P. 140, 141, 142, 143.

d'été, lorsque la sève suspend quelque temps son cours ; les recouvrements sont alors rapides.

Des retranchements sont indispensablement faits aux tiges qu'on veut remonter, et on ne peut les faire que sur du bois avancé et qui a dû faire grossir la tige. Un arbre élevé de bonne heure à tige ne serait qu'une flûte grêle ; c'est le bois latéral (sur le côté) qui doit donner la stabilité à la tige. Cet effet n'est pas à espérer de l'arbre à tête, laquelle ne travaille que pour elle seule. Dans tout exhaussement il faut conserver les branchettes courtes ; elles garantissent de l'apparition du chancre.

La taille d'été, en provoquant la pousse tardive du bois, le fait entrer dans la saison où la sève est surprise par le froid. Le chancre si fréquent des arbres soumis à cette taille ne saurait être attribué à autre cause. L'arbre qui n'est pas taillé en été, si un second mouvement de sève y a lieu, fait avancer son bois existant, et la pousse continuée, qui en résulte, a tout temps de mûrir. Il n'en fait pas partir qui soit neuf. La taille hors de saison peut seule faire ouvrir par anticipation (par avance) des yeux qui devaient encore reposer ; ou faire éclater du nouveau bois de l'écorce. Le bois de première sève ne s'allonge pas toujours à la seconde, et lorsque l'allongement se fait, c'est le plus souvent sur les forts bourgeons qu'il s'effectue.

Le chancre de la brûlure causée par le soleil est sec dès son origine. C'est une portion d'écorce que le dessèchement de la sève met hors de vie ; si l'écorce se contracte et forme gouttière, il ne s'étend pas plus loin que l'endroit frappé. On en prévient les effets en peignant en blanc la place affectée : comme ce sont les arbres placés au mur, et qui sont plus ou moins inclinés vers le mur, que le soleil brûle, on peut éviter cette cause de chancre en tenant le haut de la tige constamment blanchi. On peut le peindre à la chaux des blanchisseurs. Une peinture durable est donnée par de l'eau d'écorce de chêne dans laquelle on délaie de la craie et qu'on dilue de colle forte dissoute (étendre, augmenter). On décante l'eau, de dessus le dépôt formé (transvaser doucement). Le blanc réfléchit la lumière et fait que la tige est garantie de ses atteintes. La couleur noire doublerait le mal.

(*a*) Des vapeurs et telles qu'il s'en répand dans le voisinage de certaines fabriques causent le chancre rongeant des sommités des bourgeons, les variétés nouvelles en sont attaquées comme les autres. Un remède dans le traitement de tout chancre et de toute gangrène est de faire pousser à l'arbre du bois droit. On le sollicite à cette pousse en traitant court ses bourgeons de l'année. Le surcroît de vie que l'arbre en acquiert en détermine la cure.

L'arbre qui porte un chancre languit, et cette langueur lui fait donner fruit. Le chancre doit être ouvert pour produire cet effet. Celui qui reste caché sous l'épiderme de l'écorce est, au contraire, un sujet de stérilité.

(*b*) La mousse est aussi une maladie propre aux variétés vieilles. Elle naît de séve qui transude et qui peut, ou être rejetée de la circulation à cause de son changement de nature, ou ne pas être reprise à cause de l'état infirme de l'arbre. Elle naît sur le bout de tige du sujet, comme sur la tige de la greffe; ce bout est identifié à tout ce que la greffe éprouve en mal ou en bien. Le poirier, comme le plus souffrant parmi les espèces à fruit, est aussi le plus sujet à la mousse; après lui c'est le pommier, les autres espèces le sont seulement plus ou moins. Le pêcher et le bout de la tige de son sujet-prunier en sont garantis. Sur abricotier elle occupe plutôt les bras que le tronc. Dans les sols et aux murs où les vieilles variétés déposent leurs infirmités, la mousse ne peut paraître, l'arbre s'y restaure et la mousse disparaît. L'humidité de la saison comme celle du sol, en fournissant à l'arbre plus de séve qu'il ne peut consommer, donne origine à la mousse. Un arbre bien nourri est moins sujet à la mousse. Mettez avant l'hiver une couche de chaux avec un pinceau, la mousse tombe après l'hiver et donne à l'écorce une couleur jaune.

(*c*) La greffe par racine sur tronc peut être entreprise avec des arbres comme avec des pieds adultes. Un arbre immense (un poirier-calebasse) qu'on avait scié ras sol pour ne pas lever un pavement, fut greffé en racines et planté sans que son bois fut rapproché (raccourci). Il reprit parfaitement et donne

(*a*) P. 145. — (*b*) P. 153. — (*c*) P. 292, 308, 313, 324.

une abondance de fruit. Je dois dire que c'était à mon jardin de Bruxelles où rien ne périssait.

Plus un arbre arraché de terre en due saison se sèche vite, plus son retour à la vie offre des chances de succès.

Le manque de rapport par excès de force dépend de ce que les yeux élaborés à bois, ayant tous assez de force pour partir à bois, aucun n'est arrêté à fleur. Abaisser la branche, y rendre difficile le mouvement de la séve, l'obliger d'y stagner pour qu'elle doive latéralement s'échapper et ne lui laisser assez de force que pour faire épanouir des yeux à feuilles, qui de suite ou plus tard sont des yeux à fleurs, est le moyen de forcer au rapport des arbres dont la sorte a déjà rapporté ou a passé l'âge du premier rapport. Exempter de taille un arbre dont le bois est presque généralement incliné vers l'horizon est un autre moyen de parvenir au même but ; alors le trop peu de séve pour le trop de bois se marie avec la direction native du bois pour produire un effet analogue, mais ce moyen, ni aucun autre, ne peut forcer au rapport un arbre dont la sorte n'a pas encore donné fruit, parce que l'âge, pour le produire, n'est pas arrivé pour elle. La mise à fruit des francs avant le temps de leur rapport possible est un sujet qui ne doit pas nous occuper. Ce serait une tentative vaine que de vouloir les y forcer, mais il est des francs qui dépassent l'âge de rapport sans rapporter, et ce sont ceux-là qu'on doit mettre à fruit. Comprimer la force et relever la faiblesse, faire descendre l'une autant qu'on fait monter l'autre afin d'avoir le juste milieu, l'assez de force joint à l'assez de faiblesse, c'est là où, pour l'arbre fruitier, se trouve le riche et constant rapport. Au delà est l'excès de bois, en deçà est le défaut de fruit. C'est à qui sait établir et maintenir l'équilibre entre les deux, qu'appartient l'art de mettre un arbre à fruit. L'arbre y reste de lui-même, lorsqu'on n'a rien fait pour l'en détourner. Le rapport tempère la fougue du bois, et le bois comprime l'exubérance du fruit.

Un arbre établi sur pivot, et que sans retrancher le pivot on déplante, languit ou périt. S'il subsiste, c'est à la faveur de quelques simulacres de racines que le pivot pousse autour de son bout. Le but est de donner à l'arbre un appui contre le renversement, et c'est cet appui qu'on lui ôte.

7

Qu'on dépouille un arbre de beaucoup de son bois; il pousse beaucoup de racines, qu'on le dépouille de beaucoup de racines, il ne poussera pas du tout de bois. S'il en poussait beaucoup, ce serait un moyen de retarder le rapport, tandis que c'en est un qui le hâte. Cela prouve que les racines sont la progéniture du bois, et non le bois la progéniture des racines.

DIALOGUE

ENTRE M. VAN MONS ET MOI.

TRAITÉ COMPLET DU PÊCHER.

D. *Je vous prie de me dire, monsieur, comment on élève et cultive le pêcher?*

R. Pour éviter les redites et abréger l'ouvrage, on doit faire ici attention, parce que les sauvageons de prunier, blanc ou noir, ainsi que leurs drageons (ce qui pousse aux pieds de ces pruniers) fournissent les sujets du pêcher, du brugnon, qui est une espèce de pêcher, et des pruniers, noir ou blanc.

(a) Les sujets pour pêcher, abricotier et prunier, sont détachés des pieds greffés sur ces sortes de sujets. Pour le pêcher, un drageon de la grosseur d'une queue de pipe est abaissé (c'est raccourcir) à trois pouces, planté au printemps entre des choux de mai ou autre légume de printemps ou d'été, et reçoit l'écusson la même année. Le développement de celui-ci est si grand, si la variété est récente, qu'il acquiert un pouce d'épaisseur l'année de sa pousse. On prend le prunier à écorce blanche pour les arbres de développement moyen; celui à écorce noire pour les arbres fortement contenus; le fruit est alors plus petit, mais il est plus savoureux et l'arbre occupe un moindre espace. Il fait bourrelet à l'endroit de la greffe; cela défigure, mais profite au lieu de nuire à la bonté

(a) P. 6, 7, 8, 47, 48.

du fruit. L'abricotier a avec les sujets du prunier les mêmes rapports de choix que le pêcher. Les variétés hâtives ont une prédilection pour le prunier à écorce noire. Le prunier recherche la couleur correspondante à la sienne; il réussit néanmoins sur la couleur opposée. Nous ne greffons pas sur amandier. Cependant on peut faire quelques semis de pêcher et d'abricotier.

Ce qui a été dit de l'écusson de poirier, sur franc ou cognassier, est applicable à toutes les espèces de nos arbres fruitiers; inutile de le répéter.

La pêche, le brugnon et l'abricot sont exclusivement propagés par l'écusson. En d'autres termes, il faut écussonner ces trois espèces, c'est par l'écusson et non par la greffe qu'on les multiplie. Il doit être à œil dormant; l'œil poussant, quand il est pris sur un bourgeon de pousse actuelle, anticipe de neuf mois sur son entrée en végétation à l'année suivante, car, dans l'ordre naturel de son développement, il serait resté en repos jusqu'à ce temps. Il fait partir en seconde sève une pousse destinée à être de première sève.

Les racines de tous les arbres fruitiers doivent être taillées comme il a été dit à l'article du poirier. L'année de la déplantation le pêcher est exempt de frisure. On le voit végéter brillamment parmi ses pareils sur lesquels aucune feuille n'est plus à trouver. C'est que sa sève ne se meut pas assez rapidement pour stagner par le froid et s'extravaser. Cela prouve bien que le mal est propre à l'espèce et se ne propage pas par contagion. Au vent, hors ceux replantés, tous les individus en sont inévitablement atteints. Au mur, la direction du midi est le plus souvent épargnée; celle du nord l'est plus fréquemment que celle du levant, où à toutes ses invasions le mal se manifeste.

Un pêcher bien conduit donne fruit la troisième année et rapporte abondamment la quatrième. La seconde année il fleurit, mais le plus souvent la fleur coule. Le pêcher de noyau ne met qu'un an de plus pour marquer, et souvent marque la troisième année de sa sortie de terre.

La cause artificielle (cette cause vient du défaut de connaissance du jardinier) de la perte de forme d'un pêcher est la négligence dans l'abaissement par le palissage de tout bourgeon qui menace de se lever. Visitez au moins une fois la semaine vos pêchers pour palisser les bourgeons plus gros, plus droits que les autres; attachez-les plus bas, plus sous l'horizon que les autres bourgeons. Cette position les empêchera de continuer leur supériorité sur les autres. Palissez les autres à mesure qu'ils pourront l'être; ne palissez jamais un petit bourgeon, sinon pour faire mûrir les pêches ou les colorer par l'action du soleil; donnez à ces petits bourgeons autant d'air qu'il est possible, soit en attirant souvent à vous, soit en les fixant à un piquet que vous devez planter pour fortifier ceux que vous fixerez au moins obliquement. Il suffit d'un seul bourgeon abandonné à la fougue de son emportement pour que l'arbre se dégarnisse du côté où il a paru. Attendre pour l'abaisser qu'il ait fait des progrès, c'est vouloir redresser un mal devenu sans remède. Le bourgeon repullule de plus belle, et sa pousse est mise en rapport avec une racine droite et qui est impropre à nourrir du bois incliné. C'est ici le cas de visiter les racines pour scier le pivot qui a poussé ce gourmand. Si cependant ce gourmand n'était pas fort, on pourrait différer encore un an avant de visiter les racines, parce que le pêcher en pousse souvent. L'égalité dans les branches latérales de tout arbre fruitier, l'égalité des bourgeons des deux côtés, prouvent la position des racines. Je sais que ce nouveau système sera peu goûté, même peu de monde suivra ce qu'explique avec tant de clarté M. Van Mons, à qui je dois la beauté de mes arbres fruitiers. On ne devrait jamais tailler si on ne connaît le rapport qui existe entre les racines et les branches. Propriétaires d'arbres fruitiers, faites ouvrir la terre, découvrez les racines à trois pieds du sujet, plus loin, s'il le faut, et là vous admirerez les talents de Van Mons, à qui les amateurs d'arbres fruitiers devraient ériger une statue, s'ils étaient reconnaissants. Venez à Écaussinnes-d'Enghien, nous vérifierons chez moi et mes amis ce que j'écris pour vous obliger et vous instruire.

Les bourgeons contenus dans leur emportement (gourmands naissants) par le palissage offrent souvent un bois précieux et sur lequel on peut asseoir avec avantage la taille de rapprochement si indispensable pour empêcher le centre de se dégarnir. Abaisser pour contenir et rapprocher (raccourcir) pour garnir, doivent être la règle à suivre dans la conduite du pêcher en espalier. Ce ne sont pas, comme on l'imprime, les branches courtes seules qui donnent le fruit; les longues et jusqu'aux plus forts bourgeons en donnent également. On doit abaisser (raccourcir, tailler) la taille des branches quelconques jusqu'à l'œil en départ qui ne soit plus interrompu sur le restant de la branche. En d'autres termes : visitez bien votre bourgeon avant de le tailler; voyez si ce bourgeon a tous ses yeux, car il arrive assez souvent qu'il en manque; taillez où la branche a tous ses yeux, aussi court que ce soit, taillez et fumez vos sujets, vous aurez tout contre votre attente, du bon fruit et beaucoup de bois à votre disposition pour la taille suivante. Le pêcher rapportant sur bois de l'année, tout ce qu'on fait pour multiplier ce bois tourne à l'avantage du fruit.

Le pêcher au vent ne saurait être garanti de la frisure, parce qu'il ne saurait être entouré de paillassons à une hauteur où le soleil ne le frapperait plus, car c'est du soleil qui fait partir les germes que le mal povient. Ce n'est pas du froid qu'on doit le préserver, mais de la chaleur qui agit par un levier de plus, lorsqu'elle provient de lumière. Devant un espalier le placement et l'enlèvement successifs d'un abri, paillasson ou autre, ne cause aucun embarras; on le pose devant l'arbre à l'approche du jour, et on l'y laisse jusqu'à l'entrée de la nuit. La nuit, quelque froide qu'elle soit, ne porte préjudice qu'à l'arbre qui est en pousse. On doit placer l'abri dès l'instant que la fleur se gonfle. L'invasion de la maladie précède de quelques jours l'arrivée du temps froid qui la provoque. Il est important de connaître les noms des branches d'un arbre pour le bien tailler. La branche à bois part de l'arbre, se subdivise en latérales, sous-latérales... C'est la branche à bois qui doit s'allonger pour fournir les branches latérales, etc., etc., et les autres petits bois, tels que le petit bouquet ou, comme on dit à Montreuil, le petit cochonnet, qu'on ne doit jamais tailler, long de quelques centimètres, et qui finit par s'éteindre lorsqu'il est épuisé. Je dois dire ici qu'en rajeunissant un jeune pêcher, délabré par une mauvaise taille chez un de mes amis, j'ai taillé sur un œil de cochonnet ou de petit bouquet, ainsi que partout à un œil sur les autres branches; tout est parti avec force, mon pêcher m'a rendu assez de bois pour le refaire à neuf : le sol avait beaucoup de moyens. L'illustre Poiteau de Paris dit dans un ouvrage qui paraît tous les ans sous le nom de *Bon Jardinier* : « Si un pêcher de cinq ans n'a pas vingt-cinq pieds d'envergure (de largeur), c'est qu'il a été mal conduit, ou que l'arbre est malade, ou que la terre est mauvaise. » C'est dans cet ouvrage qu'on trouve expliquée la taille de Montreuil, ou de Schabol. Qu'on lise avec attention la manière d'ouvrir et de tailler un pêcher à la Montreuil, on dira, je l'espère, avec moi, qu'il faut avoir passé plusieurs années à Montreuil pour diriger ici un pêcher comme là. Avant de parler de conduire un pêcher comme à Montreuil, allez-y passer quelques tailles, cessez de vous donner des connaissances que vous n'aurez peut-être jamais; avouez votre incapacité de tailler sans profaner, dans ce cas, le nom de Montreuil. Faites la palmette de Van Mons, elle est plus simple et plus à votre portée.

(a) Le pêcher au mur peut être conduit sur plusieurs tiges, ce qui est la forme de l'éventail, ou bien en palmette à bras horizontaux; les autres formes sont des jeux, hors toutefois celle de circonstance. Cette forme, si ce peut en être une, en réunissant tous les éléments de la difformité, ne force que trop vite à la suivre comme pis aller et moyen extrême de tirer encore quelque ressource du pied. Cette forme dénude le mur, mais un nouvel arbre ne le garnirait que pour un temps très-court. Le pêcher a une cause artificielle et une naturelle de ruine. La première peut être évitée; il n'y a pas de remède à la seconde. Cette dernière cause est la frisure à laquelle il n'arrive plus que rarement que le pêcher échappe.

Le pêcher en palmette à bras horizontaux offre le précieux avantage pour la taille qu'en cas de perte de bois les bras peuvent être rapprochés à toutes les distances de la tige, ils doivent même l'être au bout de quelque temps, et alors l'arbre se remet à neuf. On allonge le bras tous les ans de quelque chose, de plus ou de moins, suivant sa force et l'extrémité de l'appui. Quand la limite est atteinte; on rapproche les bras du

(a) P. 79, 80, 81, 82, 83, 84, 96, 97.

centre, ce qu'on peut toujours faire sans inconvénient, et ce
que le bien de l'arbre exige même qu'on fasse. On taille à
pousse et à fruit tout le bois sous-latéral qu'on peut placer. En
raison de sa position sur sous-latérales horizontales la pousse
n'avance guère, et jusqu'à ses sous-yeux sont de bons yeux.
La taille ne demande aucune combinaison, aucune réflexion;
elle est si simple qu'elle marche d'elle-même. Abaisser jusqu'à
l'endroit où la suite des yeux en départ n'est plus interrompue,
et palisser en direction proportionnée à la force, est toute l'attention qu'on doit prendre. Si une branche au lieu d'un œil
est interrompue, on ravale jusqu'à la branche qui la suit immédiatement; ce qu'on peut refuser en largeur à cette forme,
on doit lui accorder en longueur. L'appui doit être élevé. On
doit au bas donner de l'avantage sur le haut; contenir sévé-
rement celui-ci et, au besoin, se relâcher un peu sur la contenance du bas. Par contenir, j'entends tenir dans des limites
étroites par la taille et ne donner aucun avantage pour la
direction. En d'autres termes, tailler court et tenir le bois peu
oblique, un peu plus haut que l'horizon.

L'éventail est moins facile à traiter. La direction de ses bras
fait qu'il échappe plus vite à nos moyens de contenir sa pousse,
et à mesure qu'on descend vers le centre l'embarras augmente
par la diminution de l'espace pour palisser le sous-bois. La
rupture d'équilibre y est cependant moindre que dans le
Montreuil, qui est toute contrainte. Pourvu que la taille sur
éventail puisse se compliquer un peu de celle de circonstance, pour la conservation du bois, cette forme sera toujours précieuse pour les appuis qui n'ont pas d'élévation. Elle
n'a besoin de grand espace, ni vers le haut, ni vers les côtés,
et c'est aussi en rapprochement vers le bas que consiste le
moyen de la renouveler.

L'espalier en U est une palmette à deux tiges parallèles.
Espère-t-on que les faces en regard (du milieu) s'abstien-
dront de pousser du bois? Comme elles en pousseront, et aussi
le fond, que fera-t-on de ce bois? Le retranchera-t-on jeune
ou quand il sera devenu grand? Dans les deux cas, il mettra
le trouble dans le bois du dehors. L'arbre représente une palmette dont la tige a été longitudinalement fendue en deux.
Qu'aura-t-on gagné à cette fente, sinon de rendre mal ce qui

était bien? La palmette à tige simple est pour le pêcher une forme qui ne saurait être améliorée.

Je ne conseille pas de placer au mur un pêcher franc de pied (venu de noyau). Il fait trop de bois pour pouvoir s'en rendre maître, et ce bois, quand il est conduit horizontalement, s'amincit et s'allonge outre mesure. Si l'on s'empresse trop à l'abaisser, il devient grêle et bon à rien. Son franc ne vaut que pour le vent, mais placé sur prunier blanc il est bon aussi pour le mur. Ce n'est qu'en palmette à bras horizontaux que le franc a du succès; il réussirait mal sous toute autre forme. Au vent, le pêcher franc de pied et exempté de taille, avance peu, ses branches fructifères et se couvrent de fruit. Il borne à cela sa végétation et ne fait pas d'autres pousses; elles lui seraient inutiles, parce que celles-ci remplissent son objet et ne périssent pas. Elles marchent lentement pour rester plus longtemps en route. Ce n'est pas que le pêcher franc et au vent, avant de s'être solidement établi sur son quatrième bois, ne rapporte sur des branches moins décidément constituées à fruit. Son besoin de rapport est si grand qu'il place son fruit sur tout le genre de bois qu'il porte. Le pêcher franc au vent a peu de ses yeux à fruit accompagnés d'yeux à bois, ce qui n'empêche pas leur venue à bien. L'œil à bois ne leur sert qu'à répéter la pousse de bois à fruit, et il suffit d'une de ces pousses sur cinq ou six fruits, qui est le nombre de fruits que chaque pousse donne. Le rapport se fait sur bois d'un an et sur pareil bois de l'une et de l'autre sève.

Le pêcher ne fait pas halte après la première sève; la pousse s'arrête un moment pour reprendre bientôt après; rien ne distingue l'endroit où le repos a eu lieu. Quand la seconde sève ne travaille pas sur l'œil du centre, elle travaille sur les yeux latéraux, voisins de l'œil central, et les fait partir, comme si elle voulait former un arbre à tête; une division des latérales en sous-latérales a lieu : souvent ces pousses sont florifères (fleurissent). Quelquefois le gourmand d'un pêcher prend tous les caractères d'un arbre nouveau. Il forme une tige sur laquelle, restée droite ou étant inclinée, il n'y a pas d'yeux à fleur, mais, à son sommet, elle se subdivise une ou deux fois, et le second et le troisième bois ont des fleurs. Une greffe et un pied de noyau font la même chose. Le gourmand fait donc un arbre sur un arbre. Le gourmand parti d'un arbre incliné fait aussi un nouvel arbre. Du bois latéral gros, quoique horizontal et court, est dit faire un arbre dans un arbre. Ce bois, qu'on pourrait croire placé hors de circulation, exerce néanmoins sur le restant du bois une dépression qui dure aussi longtemps que le chicot subsiste. On doit en faire autant de tout bois latéral qui, en grosseur, prend le dessus sur son pareil. Aucune taille ne peut le dompter dans sa tendance à grossir.

Il n'est pas bon d'appliquer du mastic résineux sur les plaies de la section (où on a coupé) des branches ou de la tige, mais bien une composition d'argile, et autres terres, qui soit perméable à l'humidité. Ces plaies ont de l'eau à transmettre à l'air et ne peuvent le faire à travers le mastic imperméable. Le bout de la branche qui dépasse l'œil, ne pouvant se dessecher, son écorce se décolle et la séve se répand vers le bas où elle cause un chancre plus ou moins étendu. C'est parce que l'onglet (trois ou quatre lignes au-dessus de l'œil) laissé aux tailles de la vigne en cette saison ne pleure pas. Les greffes sur sujet en séve périclitent (courir quelque danger) moins aussi lorsqu'on les œuvre à la poupée plutôt qu'au mastic.

(a) Une plaie par déchirement ou contusion (meurtrissure) se guérit sans qu'on doive la panser quand la sorte est récente.

La frisure a pour cause un temps chaud qui a fait mouvoir la séve et auquel succède un temps froid qui la fait stagner (ne plus couler). La feuille rapproche ses bords et fait gouttière dans le sens de la face infectée. Le seul remède un peu valide est de soustraire pendant le jour l'arbre à l'aspect du soleil. C'est en retardant la végétation qu'on peut venir au secours de l'arbre. Le garantir du froid, c'est le faire végéter de meilleure heure. Le temps sec dispose au mal; la séve, alors plus épaisse, s'arrête plus facilement et la pousse fait moins de progrès. L'œil à peine épanoui (ouvert) est le seul sujet à être attaqué; plus tard, il n'a rien de sérieux à craindre. On laisse cependant la nuit les paillassons devant les arbres lorsque, l'arbre étant en pousse, il y a menace de

(a) P. 130, 131, 132, 133, 134, 155.

gelée ou de chute de neige tardives ; on les y pose, dans ce cas, quelque avancé que soit l'état de la végétation et après que la garantie pendant le jour n'est plus jugée nécessaire : on ne peut assez tôt affranchir l'arbre de cette garantie lorsque, la fleur étant sevrée, et la pousse déjà avancée, il n'y a pas d'apparence de temps contraire. Sous les paillassons du jour la fleur se noue lentement et, dans le même rapport, sûrement, et sans le secours de la lumière. Les fleurs ne coulent jamais en plus grand nombre que lorsqu'une chaleur claire en a hâté l'épanouissement et avancé le sévrement.

J'ai remarqué que, lorsque la frisure n'était pas établie avant que le temps ne fût passé au froid, elle ne survenait plus. C'est donc un mal qui se déclare pendant que le temps est encore chaud et qui pronostique seulement le temps froid.

Une autre maladie, qui provient de la même cause que la frisure, mais dont les ravages sont beaucoup moindres que ceux de la frisure, est la cloque. La cloque survient plus tard et seulement à l'approche du solstice (vers la St-Jean). Elle attaque la page inférieure des feuilles ayant acquis au delà des 3/4 de leur ampleur habituelle ; elle en occupe tantôt l'une et tantôt l'autre moitié longitudinale ; elle dépasse aussi quelquefois le nerf médian (allongement de la queue qui sépare la feuille en deux) et s'étend jusqu'au pétiole, ses parois intérieures sont tapissées de pucerons blancs ou noirs, et dont les uns sont ailés et dont les autres sont sans ailes. Le gonflement vésiculaire des feuilles attaquées de frisure, lorsque ce gonflement existe, se fait sur la page supérieure (côté supérieur). La cloque de solstice épargne les feuilles du haut comme celles du bas de la branche et attaque les intermédiaires, quelquefois toutes sur la moitié moyenne du bourgeon, d'autres fois moins, et souvent seulement une. Les feuilles du haut sont encore trop tendres et celles du bas sont déjà trop dures. La pousse restée intacte diffère seulement un peu plus sa reprise à la seconde sève. Le poirier et le cerisier le sont de même ; celui-ci éprouve les atteintes de la frisure de première et de deuxième sève, la dernière plus fréquemment et plus intensément. L'arbre qui a été attaqué de celle-ci, ne l'est pas de l'autre. Le prunier est fortement attaqué par les deux. La frisure est un accident de prime printemps, la cloche, un de prime été (prime ou de bonne heure). Tous deux sont les effets de la végétation ralentie, qui a pour suite un épanchement de séve sous la cuticule de la feuille (épiderme, le dessus). C'est au moment où la végétation commence, et à celui où elle reprend, que les deux manifestations du mal ont lieu. La frisure de seconde séve comprime l'élan de cette séve; le bourgeon ne s'allonge plus. Nous avons dit que la frisure de cette époque aide les yeux latéraux du restant de la branche à s'avancer en œil à fleur. Il faut que la transition du chaud au froid soit brusque, et telle qu'elle l'est le plus souvent de nos jours. Le froid survenant avec lenteur n'arrête pas la séve; le temps froid peut être sec ou humide, les alternations du temps, les passages brusques du chaud au froid, le changement de temps, où les extrêmes se touchent, sont toujours nuisibles à la végétation; et depuis un temps assez long il n'y a plus de transition lente, ni plus de fusion imperceptible. Une température extraordinaire pour la saison est toujours suivie d'une autre également extraordinaire pour la saison. Les diverses expositions ne sont jamais attaquées à la fois par la frisure; le midi l'est moins souvent, le levant le plus souvent; le nord est souvent épargné, mais qui place des pêchers au nord, si ce n'est des sortes fines, hâtives, pour avoir du bon fruit tardif? Au vent, les pieds de noyau ont longtemps résisté au mal; je l'attribuais à leur nature plus rustique; mais actuellement ils sont les premiers à en être atteints; le ravage a lieu sur toutes les faces; il n'y a à leur égard aucune précaution à prendre, ils doivent suivre le torrent qui les entraîne.

Qui dit pêcher dit brugnon, car il n'y a pas de différence entre les deux, et le noyau de l'un donne naissance au fruit de l'autre. Si le brugnon se trouve dans la nature, c'est comme sous-espèce du pêcher. On provoque la frisure en taillant l'arbre avant que le temps soit fixé au beau; aujourd'hui on doit attendre que le fruit soit noué. Autrefois on taillait à la floraison et sans avoir d'accident à craindre.

(a) Le frottement contre un corps dur ou entre deux branches produit une blessure; la gangrène qui en résulte peut être guérie, même sur tige de pêcher, qui, pour la gangrène de bois latéral, n'admet d'autre remède que l'amputation. On voit avec quelle précaution on doit se servir de ligatures pour ne pas gêner les membres dans la position qu'on les fixe. Le choc d'une pierre qu'on lance contre l'arbre cause souvent la gangrène. Le pêcher n'a pas besoin d'être profondément blessé pour qu'une tache de gangrène s'y déclare. Les amputations de branches que l'on fait rase tige aux arbres en sève provoquent le chancre. La sève en mouvement vers la branche, ne pouvant passer outre, se répand sous l'épiderme de l'écorce et y détermine la manifestation d'un chancre actuel, on y dépose le germe d'un chancre futur. Une étendue plus ou moins grande d'écorce au-dessous du rameau amputé devient le siége du mal. Ce chancre, d'abord humide, se borne ensuite, puis se sèche. Quand l'amputation se fait sur un arbre, dont l'écorce est gercée et dure, la sève s'épanche sous l'écorce et le bois est attaqué; l'écorce se fend et se détache, ce qui met le bois à nu. Le meilleur temps pour faire ces amputations est celui où la sève repose, et depuis la chute des feuilles jusqu'au solstice d'hiver, et encore est-il prudent de laisser un chicot de branche qu'on ampute la saison suivante. Le chancre succédané (qui a une cause étrangère, cachée) fait cercle autour de la branche amputée, et se déclare seulement quand l'arbre commence à souffrir. Il peut rester caché pendant plusieurs années. Ce sont les sections faites à l'intérieur de l'arbre qui le produisent. On se trouve bien de faire sous la place une incision longitudinale et qui pénètre jusqu'au bois. Quand on ne laisse pas de chicot on doit amputer rase écorce, et on fait bien d'enlever aux bords de la plaie un cercle d'épiderme d'une ligne ou deux de largeur; le recouvrement s'en fait beaucoup plus vite. Un arbre en vigueur, à moins qu'on ne fasse l'amputation au moment où il entre en sève, et lorsque des froids survenants peuvent encore ralentir la végétation, n'a rien à craindre du chancre. La force de pareil arbre sait trop bien

(a) P. 139, 140, 141.

dépenser la séve des amputations pour permettre qu'elle s'extravase. Un autre moment propice aux amputations sur tige est le solstice d'été, lorsque la séve suspend quelque temps son cours ; les recouvrements sont alors rapides.

Je crois inutile de répéter ici la manière de planter un pêcher, c'est la même règle pour tous les espaliers, soit pour les autres arbres fruitiers au vent, dont la manière a été aussi expliquée. C'est aussi la même règle qui commande pour le pêcher, celle de ne rien couper du tout en plantant, mais bien un an après la reprise. On pourrait comparer un jardin à un avare et riche qui ne rêve qu'argent ; parce que les jeunes arbres exigent autant d'engrais, jusqu'à ce que leurs racines soient faites, qu'un avare désire d'argent.

BIBLIOTHEQUE ROYALE I

TABLE.

Préface . . . . *Page* v
Des pommiers pour l'usage des jardins 11
Traité complet du pommier franc 17
Traité complet du prunier 22
Traité complet de l'abricotier 25
Traité complet de la vigne 30
Traité complet du cerisier 37
Traité complet du cognassier 42
Traité complet de la maturité des fruits 56
Traité complet du poirier sur franc. — *Manière de l'élever, de le*
greffer, de le dresser en pyramide, en espalier, sa taille, de ses
racines et de ses pivots 66
Taille de l'espalier à bras horizontaux, les branches dans la
direction des tas de briques; ce poirier n'a qu'une seule tige,
c'est celle qu'on abaisse ou qu'on taille jusqu'au 3e ou 5e œil. 70
Taille de la pyramide 76
Transplantation des arbres à rester en place 81
Taille 85
De la fertilité et de la stérilité d'un arbre à fruit 93
Traité complet du pêcher 103

www.ingramcontent.com/pod-product-compliance
Lightning Source LLC
Chambersburg PA
CBHW071052090426
42737CB00013B/2329